Structured Group Encounter

エンカウンターで いじめ対応が変わる

教育相談と生徒指導の
さらなる充実をめざして

國分康孝・國分久子 監修
住本克彦 編著

図書文化

巻頭の言葉

いじめ予防になぜSGEが有効か

監修 國分康孝，國分久子

本書の巻頭の言葉を要約すればこうなる。

いじめは防衛機制（心身の安全をはかる反応）の一つである。それゆえ防衛機制を働かさなくても安心して生きられる状況をつくれば，いじめは生じにくい。そこで，防衛機制を発動しなくてもよい状況をつくるのに有効な方法として，構成的グループエンカウンター（Structured Group Encounter：以下SGE）が浮上してきた。SGEは安心できる人間関係，自己発現できる人間関係を育てる教育方法だからである。

1 いじめ（4種の先制攻撃）とSGEの有効性

いじめは，自己保存の欲求がおびやかされそうなときに，他者を排して自己の心身の安全を守ろうとする先制攻撃であると考えられる。この先制攻撃には4種類ある。

---
(1) 愛情争奪戦（認められない不快を解消する）
(2) 役割争奪戦（人を排除して自分の域を守る）
(3) 責任回避戦略（人のせいにして非難を防ぐ）
(4) ディスプレイスメント（将のかわりに馬を射る置きかえ戦略）

それぞれを説明しつつ，SGEの有効性を提唱したい。

1　いじめの先制攻撃　愛情争奪戦　VS　SGE　えこひいきのない文化

「愛情争奪戦」とは，きょうだいげんかの心理に由来するいじめである。親に気に入られているきょうだいに嫉妬して，他のきょうだいを攻撃するパターンである。

私にはこんな経験がある。

私は，ある大学の学園祭の「教授人気投票」で1位になり，学長に表彰状と特別研究費をいただいた。このことを教授会で報告する際，司会役の教授はこう紹介した。「学園祭

の遊び半分の賞ですが，学長も表彰されたようなので一応お伝えしておきます」と。お祝いの拍手はなかった。教授会のあとでこれを話題にする会話もなかった。要するに無視であった。「他人が認められ，自分は認められない」——この不快さは相当なものである。いじめ（無視）たくもなる。大人も子どもと同じである。

よほど意識していないと，認められていない側は，認められている側をつい攻撃しがちである。教師はこれを十分念頭に入れておく必要がある。

SGEは勉強のできる子もできない子も，素直な子も反抗的な子も，日本人も外国人も，同じ人間として交流するというプリンシプルゆえ，子どもに不公平感を与えない。えこひいきのない文化がSGEの特色である。

2 いじめの先制攻撃 **役割争奪戦** VS **SGE 感情のふれあい**

これは，嫁・姑のトラブルの心理である。息子（妻からすると夫）の世話役を嫁に奪われた姑は，その役割を守りたくて嫁をアタックする。同じ原理で嫁も姑をアタックする。社会問題化している移民の例でいえば，自分の仕事が奪われると恐れて移民を排除する心理である。

別の例を示そう。ある大学に，いわゆる「天下り教授」が入ってきた。ほかの教授たちにとっては，自分たちに何の相談もなく，勝手に職域に割り込んできたわけである。不快である。それゆえ，酒の席に声をかけない状況が続いた。大人のいじめである。ただし，ご本人は達観していた。「國分さん，これは当然のことですよ」と。

この教授は出勤のたびに，教授談話室の空ビンに草花を差した。ある日，それを見かけたある教授が「この花は？」と声をかけたのがきっかけで，くだんの教授についに酒席への声がかかった。運よく酒豪だったので若い教員に人気があった。

さて，SGEではソーシャルリレーション（役割交流）よりも，パーソナルリレーション（感情交流）を大事にする。つまり，役割（人に期待されている権限・責任に応える行動）よりも，一人の人間としての自分のホンネに忠実な言動を重視する。

さきの教授の例をみてもわかるように，「人として」（as a person）という思想には，役割関係に由来するいじめ予防の機能があると考えられる。

すなわち，パーソナルリレーション（感情のふれあい）は，ソーシャルリレーション（役割関係）に由来するいじめを予防する。これが，SGEがいじめ予防に有効な第2の理由である。

3　いじめの先制攻撃 責任回避戦略 SGE 許しのある文化

　世の中には，自分の弱点を人に指摘されたくないので，「人のせいでこうなった」と言いたがる人がいる。例えば，自分の不勉強を棚にあげて，「教師の教え方が下手だから私は学業不振なのだ」と師を非難するのが典型例である。

　私がアメリカでカウンセリング実習生をしていたときのことである。ある女性クライエントが私のスーパーバイザー（指導教官）に，「自分の担当は女性のカウンセラーにしてほしい」と申し出た。スーパーバイザーは私にこうコメントした。

　「たぶん，君が日本人だからだ。人種差別をしている自分を棚にあげ，君が男性だから嫌だという。それゆえうっかりすると，『男性で申しわけありません』『日本人で申しわけありません』と言ってしまいそうになるから注意しろ。世の中には人の責任にして，人に謝らせたがる人間がいる。投影の心理にひっかかるなよ」と。

　自分がいじめたことを棚にあげ，「相手は笑っていた。いじめられたとは思っていない。冗談だと思っている」と弁解する子ども。

　「本人が自発的に仲間におごったのだから，本人の責任だ。いじめではない」と責任回避する学校や教師。

　人のせいにする心理は，人からの非難を防ごうとする心理である。自分が非難されるおそれがなければ，人のせいにはしない。

　では，非難されるおそれがない状況とは，どのようなものか。それは，「許しのある文化」のことである。

　許しがあるとは，「汝らのうち，罪なきもののみ石にてこの女を打て」という思想文化のことである。だれにでも間違いはあるという寛容である。

　SGEにはその文化がある。人も自分も，教授も学生も，大人も子どもも，人間としてはみな同じである。SGEにはそういう思想がある。この思想は，1960年代に始まるカウンセリング界の実存主義思潮に原点がある。

　したがって，SGEは人間関係スキルや友達づくりのプログラムにとどまらず，人間としての生き方・あり方を自問する集団生活体験であるといえる。

4　いじめの先制攻撃　ディスプレイスメント　VS　SGE 多様な人生交流

ディスプレイスメント（displacement：置きかえ）も、いじめの防衛機制（自分の心身の安全策）の一つである。いわゆる「坊主憎けりゃ、袈裟まで憎い」の心理であるが僧侶そのものを攻撃するのが怖いので、その代替として袈裟を攻撃するのである。

ある大学で教員の公募があった。応募者の中にB大学出身者がいた。すると、「B大学出身者がA大学の学生を教えるのか」との意見があがった。応募者個人を批判せず、出身校の評価を個人評価にディスプレイス（置きかえ）したわけである。

私たちが日本教育カウンセラー協会を立ち上げようとしているとき、「國分さん、あなたは弓を引く気か」と、ある学会のトップから電話があった。私個人への非難というより、教師集団が心理学のまねごとをするのかとの非難であると受けとった。これも、教師集団への評価を特定個人の評価にディスプレイスしたわけである。

子どもの世界にも、置きかえの心理に由来するいじめがあると思われる。私ども夫婦は小中高校の職歴が乏しいので、その点は現役の方々に教示をいただきたい。

さて、SGEではさまざまなメンバーとのグルーピングを繰り返すので、クラス全員が片寄りなく全員と交流することになる。すなわち、さまざまな人生背景の人と交流する。その結果、「坊主」と「袈裟」は関係ありとは、簡単にいえないことがわかってくる。つまり、親の職業や学歴や国籍が異なっても、人間としては同じだという実感がわいてくる。外的要因と特定個人の内的世界は別物であることが体験学習されるにつれ、置きかえによるいじめはなくなる。

以上、四つの先制攻撃（いじめ）をカウンセリング心理学のフレームで考察したが、いじめ予防について残る問題が二つある。「教師の心がまえの問題」と、「SGEと教育カウンセリングの関係」である。

2　教師の心がまえ──自己開示をためらうな！

伝統的なカウンセリング（フロイドの精神分析理論とロジャーズの自己理論）では、カウンセラーは自分個人の心情を表明することを抑制していた。すなわち、精神分析者はクライエントに白紙の状態（empty screen）で臨めと教えた。個人的心情を表明すると、クライエントの表現の自由を妨げるという理由である。

ロジャーズ派は，カウンセラーは中立性（neutrality）を保てと教えた。理由はフロイド派と同じである。しかしSGEでは，リーダーは自分の心情を開示することをためらうなと教える。その理由は三つある。

　一つは，リーダー（教師）の自己開示に示唆を得て，子どもたちは自分の思考・行動・感情を修正するからである。第2は，教師の自己開示により，教師への親密感（リレーション）が深まるからである。第3に，子どもが教師の自己開示を模倣して自己開示的になり，クラスの人間関係がふれあい豊かなものになるからである。このふれあいのあるクラス文化が，いじめ予防の土壌になる。したがって，教育界にSGEを導入することを教育カウンセリング運動では強く要望している。

　ところで，自己開示の苦手な人がいる。おもな理由は二つである。

　一つは自己受容不足である。例えば，「子どものころにいじめられて……」と体験を語ることができるのは，いじめられた自分を，その人自身が受け入れているからである。「いじめられる人間は情けない人間だ」とのビリーフがあると，いじめられた自分を受け入れられない。その結果，語るのに抵抗がある。自己開示の苦手な第2の理由は，失愛恐怖である。正直に心情を語ったら，「それでも教師か」と嘲笑されるのではないか，というのがその例である。「子どものためになる（単なるカタルシスではない，単なる告白ではない）」という判断があれば，教師は勇気をもって自己を語ることである。

3　SGEと教育カウンセリングの関係

　心理療法的カウンセリングが「悩み相談」「治すカウンセリング」とすれば，教育カウンセリングは「育てるカウンセリング」「授業型カウンセリング」といえる。個別面接よりは，集団に働きかけ，集団体験を介して個々が成長するのを支援する教育方法。それが教育カウンセリングである。

　その守備範囲は，①発達課題を乗り越える支援，②学級づくり・学校づくりなど教育環境の育成，③問題状況（例：困難学級，不登校，特別支援教育，虐待，マイノリティグループなど）への対応である。

　この3領域で活動するときの共通思想「ふれあいと自他理解」を，教師と子どもが体験学習する方法がSGEである。すなわち，学習スキルや支援スキルや指導スキルや学校づくりを支える生き方・あり方が，SGEの主要テーマということになる。

　総論としてはこうなる。SGEは防衛機制を緩和し，ふれあいのある人間集団をつくる。ふれあいのあるところには被受容感が生まれるので，先制攻撃して自分を守る必要がない。

　本書の分担執筆者は，このことを実践研究で論証してくれる。

目次　エンカウンターでいじめ対応が変わる

巻頭の言葉——いじめ予防になぜSGEが有効か ……………………………………… 3

序章
- ❶ 教師としていじめにどう向き合うか …………………………………………………… 10
- ❷ いじめを防ぐために必要なのは教師の"エンカウンタースピリット"だ！ ………… 14

第1章　いじめ対応の基本姿勢——エンカウンタースピリットを生かして …… 23
- ❶ 学校組織でいじめにどう向き合うか …………………………………………………… 24
- ❷ いじめをどのように早期発見するか …………………………………………………… 30
- ❸ 3段階で進める「いじめ防止教育プログラム」 ……………………………………… 38
- ❹ いじめの重大事態への対処 ……………………………………………………………… 42
  - **コラム1** 法律からとらえるいじめ被害 ……………………………………………… 48
- ❺ いじめによる自殺を防ぐために ………………………………………………………… 52
  - **コラム2** 「命の大切さ」を実感させる教育へのSGE活用 ………………………… 56
- ❻ ケースメソッドを用いたいじめ対処の教員研修 ……………………………………… 58
  - **コラム3** 自治体の組織改革で迅速ないじめ防止対応を …………………………… 64

第2章　いじめ対応に生かすエンカウンター …………………………………………… 69
- ❶ 教育現場に求められる学校カウンセリング …………………………………………… 70
- ❷ 発達段階に応じたいじめ防止教育とSGE ……………………………………………… 76
- ❸ いじめ対応におけるSGE実施の留意点 ………………………………………………… 80
- ❹ いじめ防止教育に役立つSGEエクササイズ …………………………………………… 84
  - みんなで いわう おたんじょうかい ………………………………………………… 86
  - みんなで握手 …………………………………………………………………………… 88
  - X先生を知るイエス・ノークイズ …………………………………………………… 92
  - 他己紹介 ………………………………………………………………………………… 96
  - ぼく，私のヒーロー・ヒロイン ……………………………………………………… 98

いいとこ探し……………………………………………………………… 100
　　　ぼく，私のなりたいもの………………………………………………… 102
　　　トラストウォーク（信頼の目隠し歩き）……………………………… 104
　　　私の話を聴いて（拒否・受容ワーク）………………………………… 106
　　　ライフライン（人生曲線）……………………………………………… 108
　　　それでもNOと言う………………………………………………………… 112
　　　コラム4 SGEの活用で「教師・保護者連携チーム」結成を………… 114

第3章　エンカウンターを生かしたいじめ対応の実際……………… 117

- ❶〔幼　保〕幼児教育へのSGE導入でいじめ予防を早期から！………… 118
- ❷〔小学校〕いじめが起きた学級の人間関係の再構築をSGEで！……… 124
- ❸〔小学校〕特別活動「いじめ防止ワークショップ」…………………… 128
- ❹〔小学校〕SGEを核にした学校全体での取り組み……………………… 136
- ❺〔中学校〕ICTを活用したいじめ予防エクササイズ…………………… 142
- ❻〔幼保・小・中連携〕心と心のふれあい活動…………………………… 146
- ❼〔教員研修〕SGEを直接体験する教員研修……………………………… 150
- ❽〔小学校特別支援学級〕「ここにいたい」と思う場と仲間をつくる… 154
　　　コラム5 幼保・小・中の連携で子どもたち一人一人に特別支援教育を！…… 160

第4章　さまざまな場におけるいじめ対応の取り組み………………… 163

- ❶「何でも言える道徳の時間」へ！………………………………………… 164
- ❷〔保健室・小学校〕命の教育からいじめを考える……………………… 168
- ❸〔保健室・中学校〕「言葉尻をつかまず感情をつかむ」かかわり…… 170
- ❹不登校支援の宿泊体験活動からみえてきたいじめ対応………………… 172
- ❺非行にかかわるいじめの予防……………………………………………… 176
- ❻ネットいじめの実態と対策………………………………………………… 180
　　　コラム6 いじめ対応におけるエビデンスの必要性……………………… 184

おわりに……………………………………………………………………………… 187

序章1

教師としていじめにどう向き合うか
――教師という役割を超え，人として子どもと正対する――

住本克彦（新見公立大学教授）

　私は40年におよぶ教師人生の中で，いくつものいじめ問題にかかわってきました。
　ほとんどの事例は好転しましたが，その中で学んだのは，「教育は人なり」といわれるように，「いじめ問題への取り組みも人なり」と言いきれるということです。いじめ問題への対応では，いじめ問題に向き合う教師の心構えが重要なのです。
　いじめに向き合う心構えや人間性について，私はSGEリーダーから多くのことを学びました。特に，SGEの提唱者である國分康孝先生，國分久子先生の立ち居振る舞いは，「こんな状況のとき，國分先生ならどうしていたであろうか」というように，いまでも自分の行動のモデルとなっています。では，教師はいじめ問題にどう向き合えばいいのでしょうか。教師の心構えで重要となるのは次の3点です。
　なお，教師の心構え1と2に関しては，以前から言われていることであり，すでに多くの先生方が心がけておられることと思いますが，いじめ対応の教師の姿勢として最も重要なところですので，ここでもう一度押さえておきます。
　教師の心構え3は，「エンカウンターでいじめ対応が変わる」ことを目的にした本書のめざすゴールでもあります。

教師の心構え1　「いじめは人として許されない行為である！」
――教師の強い認識と子どもたちへの表明を――

　いじめは集団（学級）の中で起こります。当然のことながら，いじめは当事者間だけの問題ではなく，学級の問題です。「いじめる側はもちろん，傍観したり，それをはやし立てたりする側も同様に，いじめに加担しているのであり，卑劣で許されない行為である！」という強い認識を教師自身がもつことが重要です。
　いじめ問題は，人間が社会生活を送るうえで最も大切にされなければならない人権にかかわる重大な問題です。たとえどんな理由があろうとも，それはいじめを正当化する根拠

にはなり得ません。もしそれを教師が認めるならば，理由さえあればいじめてもよいというお墨つきを，子どもたちに与えることになってしまいます。

「いま君はこう言ったけど，その言葉は，彼の心を傷つけているように私は感じたけど，もう一度ふりかえってみてほしい。どうだい？」

「もしあなたが言った言葉を，彼女の立場で聴いたとしたら，どう感じたと思う？」

それがいじめと呼ばれるレベルか判断できなくても，人を傷つける行為に対しては，教師は凛とした姿勢で子どもと真正面から向き合うことが求められます。

「いじめは人としてけっして許されない行為である」という強い認識をもち，毅然とした態度で子どもに向き合う姿勢――これは，SGEリーダーの姿そのものです。

教師の心構え2　「いじめ被害者にけっして非はない！」
――いじめを受けた子どもを徹底して守り抜く姿勢を――

「いじめられるほうにも非があるんだよ」「自分の胸に手を当ててごらん。自分にも悪いところがなかったかな」――いじめ被害者に浴びせられた言葉が，どれだけ子どもの心を傷つけてきたでしょうか。

教師には，いじめを受けた子どもを徹底して守り抜く姿勢によって，いじめ被害者の心に寄り添った支援，指導を行うことが求められます。そして，いじめが完全に解消するまで注意深く当事者たちを見守り，継続して指導を重ねていくことが重要になります。

私たち大人でも，苦手な人，相性が合わない人はいるでしょう。子どもたちに，級友の好き嫌いや人間関係の相性があるのは当然のことです。たとえ仲よしの相手でも，一緒に過ごしていれば，嫌なことや腹が立つことが起こることもあるでしょう。

学級担任はクラスの子どもたちに平等でなければならないと考え，いじめられた子どもの立場に立つことや，一人の子どもの味方になったりすることに，躊躇を感じることがあるかもしれません。しかし，子ども一人一人をかけがえのない存在として「個」を大切にする姿勢や，いじめ被害者を，熱意をもって徹底して守り抜こうとする気構えは，いじめの予防にもつながるのです。

教師の一貫した姿勢によって子どもたちは，「もしも自分がいじめられたときは，この先生なら味方になってくれるのだ！」「この先生なら自分たちのことを，身を挺して守ってくれるだろう」と安心することができるのです。これはSGEリーダーの姿とも重なるものです。

序章1　教師としていじめにどう向き合うか

本書のゴール

教師の心構え3　「学級の中で人間関係を紡ぎ直す力をつけよ」

いじめ予防──相性の合わない人と適度な距離感をもつ力をつけよ

　人と人との出会いの場を設定するのがエンカウンターです。エンカウンターは，メンバー一人一人とのかけがえのない出会いの場であり，そしてそれは，リーダーにとってもメンバーとのかけがえのない出会いの場でもあるのです。これを学級にあてはめるとこうなります。

　「かけがえのない人との出会いが，いまのこの学級なのだ。ここは，かけがえのない一人一人が集まった，かけがえのない学級なのだ」

　これは，「学級なんて，単に偶然集まった集団ではないか。好きでもない人たちと仲よくする必要などないではないか」という考え方とは相反します。

　確かに，好きではない人・相性の合わない人と友達になる必要はないのかもしれません。しかし，社会に出れば，相性の合わない人とも，同じ地域に住み，同じ職場で仕事をしなければなりません。子どもたちは，相性の合わない人とも，人と共に生きる姿勢や，対話できる関係を築く術を身につけていく必要があるのです。

　SGEのエクササイズを通して，子どもたちはこんな気づきを得ます。

　「○○くんは，はっきりものを言うところが苦手だと思っていたけど，実は純粋でまっすぐな人なんだな」

　「□□くんは，自己中なところがあるけど，根はやさしいんだね」

　「◇◇さんとは，相性が合わないから友達にはなれないけど，でも◇◇さんには◇◇さんのいいところがあるんだな」

　SGEでは，体験でしか得られない認知の修正・拡大を図ることができます。さらに，いいところを言葉にして伝え合うことによって，お互いの受容感が高まります。他者理解・自己受容の促進によって，苦手だと思っていた人とも，友達になれるかもしれません。そして，「私は私，あなたはあなた」と自己と他者のありようを認め，違いの中にも共通点を，共通点の中にも違いを見つけていくことができるようになります。教師がこうした視点をもち，学級の人間関係を構築していくことが，いじめ予防につながるのです。

> 中長期対応 ── 教師は人間関係を紡ぎ直す場の設定＆究極の自己開示を！

　学級集団の中で起きたいじめは，いじめた子ども・いじめられた子どもの二者関係だけではなく，それに傍観者としてかかわった子どもたちがいます。また，加害・被害の関係が集団の中でめまぐるしく変わるケースも多くみられます。したがって，いじめ対応には，当事者への指導・ケアだけでなく，集団へのアプローチが重要になります。
　一例は，本書でご執筆いただいた福井加寿子先生の実践です（124ページ参照）。
　福井先生は，SGEを活用し，前年度でいじめの起きた学級の立て直しを図りました。相手を傷つける発言が飛び交う学級での，まさに茨の道でした。福井先生は，SGEエクササイズでリレーションを図り，自信を失っている子どもの対応には自己主張訓練を行いました。「ここが勝負」というところで，いじめを題材にした道徳教材を用いた授業を実施しました。子どもたちの変化を実感した先生が引き続きSGEを活用したところ，新しい友達関係も築かれ，お互いを認め合おうとする学級へと変容していきました。
　ほつれた人間関係の糸は，実際の体験を通して紡ぎ直すしかありません。人間関係を紡ぎ直す場を，リーダーである教師が設定していくことです。集団の中で起きた人間関係のトラブルは，集団の中で紡ぎ直していくこと──これが本書のめざすゴールです。
　また，人間関係を紡ぎ直す場の設定とともに重要なのが，学級のリーダーである教師の「究極の自己開示」です。では，「究極の自己開示」とはどういうことか。本書では徳楽仁先生がそれを示してくださいました（31ページ参照）。
　「……私自身，悔やんでも悔やみきれない思いがあります。私が中学校教員として現場にいたころ，学校生活に関するアンケートに書き込まれたある生徒の訴えを見逃し，結果，生徒が学校に来られない状態へ追い込んでしまったのです」
　みなさんも，ご自身の非常につらい経験や失敗談を自己開示することができるでしょうか。学級の子どもたちを前にして，心を開いてそれを伝えることができるでしょうか。究極の自己開示をしてくれた，かけがえのない教師にだからこそ，子どもたちは信頼して心を開けるのです。
　いじめが起きた学級で人間関係を紡ぎ直すことは，並大抵のことではありません。役割を超えて，人として子どもと正対する勇気のある教師の存在が必要なのです。「子どもたちにとって自分は，かけがえのない存在になっているだろうか」──これを常に自身に問い続ける教師の姿勢が，いじめを防止する学級づくりの土台になるのです。

序章2

いじめを防ぐために必要なのは
──SGEリーダーに学ぶ

　SGEの基調にある「エンカウンタースピリット」を学級経営に生かすこと──これこそが，いじめを予防し，いじめ問題を解決するカギです。いじめを予防する学級風土をつくるために，SGEをどのように実践し，SGEを日常の学級経営にどのように生かせばよいのか。國分康孝先生が遺されたメッセージをキーワードに考えていきます。

1 「信頼されるリーダーとなれ」

　SGE体験は，ホンネとホンネの交流を礎に，他者との出会いの中で，自己発見を進めていくものです。しかし，ホンネを語ることには勇気がいり，「こんなことを思うのは自分だけではないだろうか」「相手にどんなふうに思われるだろうか」「この程度のことしか言えないとバカにされないだろうか」などの不安（失愛恐怖）がつきまといます。

　メンバー全員がホンネを表現できる──そのためには，「いま，ここで自己表現しても大丈夫！」という安心感が得られることが前提となります。

　つまり，「人の話を一笑に付してはならない。その人が言ったり，したりすることは，その人の人生そのものである」（國分）と，リーダーは毅然とした態度で一人一人を大切にする姿勢を打ち出し，「人の話は最後まで真剣に聴く」「人を傷つけることを言わない，やらない」というルールを徹底することが大切なのです。

　「このリーダーは信頼できる」「自分たちにしっかり向き合ってくれる」「何かあったときには守ってくれる」といった信頼関係がベースになって，参加者同士のホンネとホンネの交流が促進され，互いを認め合える人間関係が構築されていきます。

　こうしたSGEリーダーの対応は，学級経営にそのまま応用できます。このような信頼関係が基盤になって，万が一，学級でいじめが起こったときにも，子どもたちは安心して教師に相談できるようになるのです。

教師の"エンカウンタースピリット"だ!
「学級の土壌づくり」10のキーワード――

住本克彦(新見公立大学教授)

2 「ありたいようにあれ」

　SGEの哲学の一つである実存主義に「Courage to be」があります。「自分のありたいようなあり方をする勇気をもて」という,個の自覚(主体性)を求める生き方です。SGEは,個の自覚を支えに,自己のホンネにふれ,自己に気づき,自己の特定の思考・感情・行動のとらわれから自分自身を解放させることで,人間的成長をめざします。

　いっぽう,現実世界の子どもたちはどうでしょうか。グループの同調圧力にさらされ,「こんな話をしたら仲間はずれにされるのではないか」「みんなと同じことを言っておくほうが無難だ」と,自分で考えることをやめ,感情を押し殺してしまう……。親や学校の期待に応えようと,いい子でいようと無理してしまう……。家庭環境等にかかわる問題を抱え,どうせ自分なんて,とあきらめてしまう……。こんな我慢だらけ(自己疎外)の現実が,子ども社会にあるのではないでしょうか。

　「ねばならない」「どうせ」にとらわれた子どもたちは,「ありたい自分に向かってどう生きるか」という未来志向の考えをもつことができません。未来に希望がないので,自分も他者も大切にする意味が感じられません。しだいに自分のホンネがわからなくなり,自分を縛ってきた友達や親や学校や社会への恨みだけがゆっくりと蓄積していきます。すると,それは他者を攻撃したり,自分を傷つけたりする行為となって現れていきます。いじめや不登校も,このような問題の一つだととらえられます。

　「Being is choosing」――人生は選択の連続です。自分の人生の選択を人任せにするのか,たとえ失敗しても自分自身で選び取るのか,それも,その人自身の選択です。

　教師は,子どもにとって,主体的に人生を選び取る大人のモデルでありたいものです。「あるがままの自分」と「ありたい自分」が一致している教師は,自己受容ができており,その姿には無理がありません。そのような教師は子どもから信頼され,子どもたちの生き方のモデルとなります。

序章2　いじめを防ぐために必要なのは教師の"エンカウンタースピリット"だ！

3 「まるごと受け入れよ」

　シェアリングで勇気を出して発言したのに，受け止めてもらえなかった。批判された。こんな経験をした子どもは，ホンネなど二度と語ろうとは思わなくなるでしょう。

　SGEの原理はふれあい（リレーション）と自己発見です。メンバー一人一人の存在を，受容し，傾聴し，共感する言動に徹すること。「○○ができるからよい」といった条件つきではなく，一人一人としっかり向き合い，「～～と感じた◇◇さん」の存在を丸ごと受け入れること。これは，リーダーが心しておくべき点です。

　「まるごと受け入れる」と，反対のあり方は次のようなものです。「さすが□□さん。それに比べて◇◇は……」「そんなことだから，いつもダメなんだよ」「いまの発言は10点中3点だな」――こんな非難や悲観的・評価的発言を，日常の中でしてしまっていることはないでしょうか。このような教師の発言が続くと，子どもたちの中に序列を生むことにもつながります。

　「ほめるのは全体の場で，注意は一対一で」という原則があります。不適切な行動や発言には注意が必要です。しかし，ときに教師自身に内在する怒りによって，子どもに恥をかかせたりさらし者にしたりする場面が見受けられます。プライドが傷ついた子どもは，素直に聞ける話も聞けなくなります。

　「この先生は，○×や好き嫌いで人を切り捨てたりしない。私たちを丸ごと受け入れてくれる」と子どもが感じることができれば，自分や仲間がいじめの問題に直面したときに，安心して教師に援助を求めたり，相談したりすることができるでしょう。

4 「共感性の高い集団をつくれ」

　SGEの哲学の一つである実存主義に，「私たちは，世界中のさまざまな人とのかかわりの中で，はじめて存在している」という世界内存在の概念があります。

　他者とのふれあいを体験する中で，「いま，ここ」にいる私が，「他との関係でのみ生きている」ことを知ります。そして，他者とのあたたかい交流を通して「他者との関係が良好であれば幸せである」ことに気づきます。そこから，自分だけが幸せでも，あなただけが幸せでも，それは不十分であり，「I am O.K. You are O.K.」の状態をめざすことの必要性に気づくことになります。「I am O.K. You are O.K.」の状態を学級に当てはめれば，互いを認め合うことができる，思いやりと共感性の高い学級ということになると思い

ます。他人事を自分事としてとらえ，相手の気持ちに寄り添うことができる，共感性の高い集団では，いじめは発生しにくいのです。

共感性の高い集団づくりをねらいとしたSGEエクササイズの配列は，ワンネス→ウイネス→アイネスが基本原理です。初めに，他者との一体感を感じられるふれあいのエクササイズ（ワンネス）。次に，お互いをよく知り合うことができる自他発見のエクササイズ（ウイネス）。そして，私は私だと自己を打ち出すエクササイズ（ワンネス）。このようなねらいの配列で，いじめにNOと言える子どもたちを育てていきます。

5 「治そうとするな，わかろうとせよ」

「治そうとするな，わかろうとせよ」――この言葉を，学級でいじめが発生したときの教師の対応で考えてみましょう。

まず，いじめ被害者に対しては，そのつらい気持ちを，その子の身になって，「わかろう」という姿勢で聴くことです。そうすると，「このくらいよくあること。もっと強くなろう」「あなたにも悪いところがあったよね。まずそれをなんとかしなくちゃ」という言葉は出てこなくなり，「それは，とてもつらかったよね」「ここまで，たくさん悩んだんだね」「よく話してくれたね」などの言葉が自然にわいてきます。

これに対して，いじめ加害者の話をその子の身になって聞くことは，もっと大変です。なぜなら，いじめた子どもの話を共感的に聞くと，いじめを是認することになってしまわないだろうかと，聞き手に不安が生じるからです。そのため，わかろうとすることよりも，子どもの言い分を頭から否定したり，ごめんなさいを言うまで一方的に叱責したり，反省しないなら罰を与えるということが起こりがちです。

しかし，このような指導で子どもが反省を示したからといって，いじめはほんとうに解決したことになるのでしょうか。その子は，二度といじめをしなくなるのでしょうか。

やはりここでも，まずは，いじめた子どもの気持ちをわかろうとすることがスタートになります。そうせざるを得なかった子どもの気持ち。反省してはいるけど素直になれない気持ち。いまでも自分は悪くないと思っている気持ち。……そういう気持ちをわかってもらって，はじめて子どもは行動の是非を考えたり，反省したり問題解決に向かったりすることができるようになるのです。

子どもを一方的に変えようとするかかわりには，人間的なふれあいがありません。私たち教育者は，「治す」のではなく「わかろう」とする姿勢で，子どもたちにかかわり続けたいものです。

6 「母性と父性のバランスをもて」

　私（住本）は，國分康孝先生・國分久子先生がリーダーをされたSGEに参加することで，SGEについての理解と研修を深めてきました。なかでも印象深いのは，2003年のSGE合宿でした（参照：國分康孝・國分久子編著『自分と向き合う！　究極のエンカウンター』図書文化，2004）。私のリーダーとしての立ち居振る舞いに対して，先生方には厳しいご指導をいただきました。しかし，愛が根底にあることがわかっていましたので，「すべてを受け止めてもらえる」という感覚があり，とても安心して参加できたのです。
　SGEにおける究極の母性は，前述した「まるごと受け入れよ」ということであり，究極の父性は，後述する「究極のアイネスを打ち出す瞬間をつかめ」になります。
　「母性と父性のバランス」は，SGEリーダーの心得としても，いじめ対応としても，非常に重要になります。順序としては，まず母性の部分で受け止めてもらえるという安心感をつくること。「この人の言うことなら聴こう」と思ってもらえる関係性を構築することが大切です。そのうえで，父性を打ち出すこと。
　これは，いじめ対応についても同様です。被害者はもちろん，いじめ加害者に対しても，「母性→父性」の順は変わりません。例えば，いじめ加害者に，一週間に五つの塾に通っている子どもがいました。その子は，各塾から出される宿題と学校の宿題によるストレス発散にいじめ行為を繰り返していました。SGEリーダーは，まずその子の担任として，個別にしっかりと向き合い，本人のしんどい気持ちを母性で受け止め，本人が「この先生は僕のしんどさ，つらさをわかってくれる」と実感してくれる関係性をつくったのです。その一対一の信頼関係をつくったうえでのSGE実践では，リーダーの指示が入りやすかったことは言うまでもありません。「集団は教育者である」とするSGE，ただし，その集団では，リーダーと個々のメンバーとの一対一の関係性がベースとなるのです。
　教師と子どもの一対一の関係性の中でも，ホンネで語り合え，安心できる関係を構築したうえで，「先生はそうは思わないよ」などと，私（アイ）メッセージを使った指導をする。これが教育的効果につながるのです。

7 「子どもが発するサインに気づく感性をもて」

　SGEリーダーは，絶えずメンバーの動きに目を配り，言語的・非言語的にメンバーが発するサインに気づく感受性をもつことが大切です。「いま，ここ」における集団全体やグ

ループの現況・課題は何か，グループの中での個の動きはどうか等，正確に把握しながらメンバーのSGE体験を進めていきます。

例えば，「みんなで握手」というエクササイズ（88ページ参照）の中で，ペアになることを微妙に避けられている子や，手がふれあうことを躊躇している子どもがいたとします。そのような子どもの行動に気づくことが，まず第1段階です。次に，問題解決のために，なぜかを探ることが第2段階です。男女で握手することの恥ずかしさからきているものだとしたら，教師のエクササイズの選定やインストラクションの仕方が十分でなかったかもしれません。または，子どもたちの中で仲間はずれが起きている，あるいは特定の子ども間のトラブルの結果かもしれません。だとすると，だれとだれは握手できて，だれとは握手できないのかなど，さらに様子をつかむことが必要になります。

SGE以外の場面でも，例えば，持ち物に落書きをされる，学校に行きたがらない，家族に八つ当たりする，身体不調（頭痛，腹痛等）を訴える等は，いじめのサインの場合があります。普段の子どもの様子から，いじめの兆候やSOSのサインに気づけるよう，教師はアンテナを高く立てている必要があります。

また，「ライフライン（人生曲線）」などのエクササイズを行うときに，悲しい出来事やいじめられた体験等を思い出し，子どもがつらくなる場合があります。こうしたエクササイズを実施する場合は，そうした子どもの気持ちに寄り添い，ケアできる力量が教師に必要になります（110ページ参照）。

子どもの発するサインに敏感になり，サインをさまざまな観点からとらえて対応する力量をつけるには，複数のカウンセリング理論を学ぶことをおすすめします。

8 「究極のアイネスを打ち出す瞬間をつかめ」

アイネスとは，「私は私である」と，自分を打ち出すことです。そこには，自分を無条件に肯定する姿勢と，他者を受容する姿勢が同時に存在しています。

教師にとって「アイネス」は，いじめ予防における「教師の毅然とした態度」と重なり，非常に大切な意味をもちます。「いじめはあってはならない人権侵害である」という教師の強い意志を，日ごろから態度で示すこと。そして，いじめに気づいたときは，機会を逃さずに究極のアイネスを発動させること。

例えば，あるグループで，「あいつ，あんなこと言ってる」「そんなことないくせに」など，ほかの子への陰口が聞こえてきたとき，「いまの○○さんの発言に対して，こんな発言があったけど，どんな思いで言ったのかな」と，即座にリーダーが介入することが重要

になります。そして、「陰口は人を傷つける行為である」「言いたいことは本人に直接伝えてほしい」「あなたが陰口を言われる立場だったらどう思うか」とアイメッセージで毅然と立ち向かうことです。

こうした発言を受け流してしまう教師の態度は、いじめを助長してしまうことになります。SGEの風土は、基本的に非審判的・許容的な雰囲気です。しかし、「ここ！」というとき、リーダーは自分を打ち出すことをためらってはなりません。

9 「深い自己開示をする勇気をもて」

SGEのキーワードは自己開示です。ホンネとホンネの交流の中で、つながりの中にある自分を実感することは、人生を肯定的に生きる源泉となります。

自己開示の大切さについて國分康孝先生は、『構成的グループエンカウンターの理論と方法 半世紀にわたる探究の成果と継承』（図書文化）の中でこうおっしゃっています。

「教師はぜひとも自己開示できる人間になってほしい。教師の自己開示は、ときに子どもの生き方教育になり、ときに子どもに自分の人生を考えさせるきっかけになり、ときに子どもの生きる意欲になる。教師の自己開示が教え子を終生支える教育になりうるからである」と。

心を裸にして語ってくれた教師の言葉だからこそ、「先生にも私と同じ失敗があったんだ」「先生はなぜそんなことができたんだろう」「私も先生のように悩みを乗り越えたい」と子どもたちの心に響き続けるのです。

さて、あなたは、自分の人生における失敗や深い悲しみを、子どもたちに正直に語れるでしょうか。私（住本）は「いいかっこしい」の部分があり、そのことで、いままで数々の失敗を重ねてきました。けれど、その失敗の一つ一つが私を成長させ、いまの私をつくっているのだと、過去の自分を受け入れています。また、ありたい自分との間にズレがありません。だから、それが失敗談であっても、人から「いいかっこしい」と思われるような理想でも、必要だと思えば飾ることなく自己開示ができるのだと思います。

もし、あなたが、「自己開示は苦手で」というのであれば、本書の6ページで國分先生が述べられているように、自己受容の不足や失愛恐怖がそこにあるのかもしれません。ぜひ研修会に参加して、ご自身でSGEを体験してください。SGEには教育分析的な効果があるからです。SGEリーダーの自己開示のモデルを見て学ぶこともできます。

なお、リーダーの自己開示は、メンバーのリーダーに対する親近感を高める効果があり、それに触発されて子どもたちの自己開示が促進されます。ただし、教師が深い自己開

示をしたからといって，メンバーにも深い自己開示を強要してはなりません。必ず無理のない範囲で自己を語る自由を保障します。無理や勢いでした自己開示は，「言わなければよかった」「言い過ぎた」などの後悔につながり，心の傷になることがあるからです。

10 「エクササイズ主義に陥るな」

　最後にあげるのが「SGEはエクササイズ主義になってはならない」ということです。
　本書に書かれているエクササイズを単に実施したからといって，それが学級経営や授業のねらいに適切に位置づけられていなければ，いじめ予防等の効果を期待することはできません。例えば，メンバーがいかにも楽しそうにエクササイズに没頭している場面を想像してください。一見するとエクササイズが成功したと思うかもしれません。しかし，子どもたちにねらいが伝わっていなければ，ゲームやレクリエーションのように，ただ「楽しかった」で終わってしまうこともあるのです。SGEのエクササイズには，それぞれねらいがあります。そのエクササイズの実践を通して，メンバーや学級をどのように育てたいのか，エクササイズという手段を通して，どのようなねらいを達成したいのかをリーダーがしっかりと把握したうえでのSGE実施を常に心がけることが何より大切なのです。
　エクササイズは手段であって目的ではありません。エクササイズを最後までやり通すことが目的にならないように，メンバーの状態によっては，エクササイズを変更する，展開を変える，ときには中止するなどの柔軟な対応も，リーダーには求められます。

　以上，SGEリーダーに学ぶ10項目をあげました。本稿で述べてきたエンカウンタースピリットが基調にあってこそ，エクササイズも効果を発揮するのであり，教師がエンカウンタースピリットを学級経営に生かすことで，いじめのないあたたかい集団が育つのです。
　引っ込み思案だった子が自己主張できるようになる，友達の気持ちがわからなかった子どもが思いやりのある子どもになっていく，問題行動が徐々に減っていく……あたたかい雰囲気の中でのふれあいによって，子どもが，学級集団が変わっていく様子を，私たちSGEリーダーは目の当たりにしてきました。
　読者のみなさんにも，「エンカウンタースピリット」をもって，いじめのない学級，いじめを許さない学級づくりを実現していただきたいと思います。

〔引用参考文献〕
國分康孝・國分久子総編集『構成的グループエンカウンター事典』図書文化，2004

第1章

いじめ対応の基本姿勢

エンカウンタースピリットを生かして

第1章　いじめ対応の基本姿勢――エンカウンタースピリットを生かして

❶ 学校組織でいじめにどう向き合うか
―― 組織のあり方の見直しとSGEの計画的な位置づけを ――

髙橋典久（岡山県教育庁義務教育課生徒指導推進室副参事）

1　いじめ防止等のために学校が実施すべきこと

(1)　方針・組織をどう機能させるか

　平成25年の「いじめ防止対策推進法」（以下，法）施行後も，いじめを苦に命を絶ったり，学校に行けなくなったりする児童生徒は後を絶ちません。その要因の一つは，いじめ防止の基本方針や対応組織が，各学校の日常に根づいていないことにあると考えます。

　法の施行後，自治体レベルでは基本方針の策定も組織の設置も100％達成されています。しかし，平成29年度「児童生徒の問題行動・不登校等生徒指導上の諸課題に関する調査について」によると，（全国の国公私立の小中高，特別支援学校で）474件もの重大事態が発生しています。この事実が意味するのは，基本方針や対策組織をつくっただけでは不十分であり，これをいかに機能させるかが重要である，ということです。

(2)　学校の基本方針の共通理解を

　「いじめ防止等のための基本的な方針」（最終改訂平成29年，文部科学大臣決定。以下，「国の基本方針」）には，学校の基本方針を定める意義として，次のように示されています。

学校の基本方針を定める意義（「いじめ防止等のための基本的な方針」より）

・学校いじめ防止基本方針に基づく対応が徹底されることにより，教職員がいじめを抱え込まず，かつ，学校のいじめへの対応が個々の教職員による対応ではなく組織として一貫した対応となる。

・いじめの発生時における学校の対応をあらかじめ示すことは，児童生徒及びその保護者に対し，児童生徒が学校生活を送る上での安心感を与えるとともに，いじめの加害行為の抑止につながる。

・加害者への成長支援の観点を基本方針に位置付けることにより，いじめの加害者への支援につながる。

　こうした意義を全教職員が正しく理解し，共有することが大切です。自らの学校の基本方針に定められている対応方針について，その意義も含めて，教職員一人一人が，児童生

徒，保護者，地域住民に対して，きちんと語ることができる教師集団であること。これが，いじめが起こったときに，学校が組織的に問題に対応していく基盤となるのです。

2　いじめ防止のため，学校が取り組む内容とは

学校の基本方針に盛り込む内容としては，いじめ防止のための取り組み，早期発見・いじめ事案への対処のあり方，教育相談体制，生徒指導体制，校内研修などが想定され，いじめの防止，いじめの早期発見，事案対処など，いじめ防止等全体にかかわる内容を踏まえることが求められています。

(1)　校内指導体制の確立

校長のリーダーシップのもと，学校の生徒指導方針やいじめ問題対策の基本方針に基づき，いじめ対策委員会等の校内組織を中核として，各分掌の連携を図りながら，校内組織を整備し，生徒指導体制や教育相談体制を整備する必要があります。

> **Point**
> □ 生徒指導担当，教育相談担当だけでなく，特別活動，地域連携の担当など，いじめ問題に限定せず，広く児童生徒の学校生活全般を支援・充実させるための組織づくり。
> □ 組織的な対応を進めるための専任教員の配置など，既存の枠組みにとらわれない校内体制づくりの工夫・改善。

(2)　教職員の指導力の向上

学校の実態を踏まえたうえで，いじめに関する事例研修を実施し，いじめ問題対策実施上の留意点等について，教職員間の共通理解を図る必要があります。

全教職員がいじめを早期発見し，すぐに相談に応じる等の対応ができるよう，いじめの認知能力やその後の対応能力の向上に努めるとともに，いじめを生まない集団づくりを進める学級経営力の向上，障害特性に関する正しい理解，SNS等の利用実態やネット上のいじめに対する指導のあり方等，今日的な課題についても積極的に研修を行い，共通理解に基づいた指導を行うことが大切です。

あわせて，教職員の何気ない言動が児童生徒を傷つけたり，結果として他の児童生徒によるいじめを助長したりすることのないよう，日ごろから指導のあり方に注意を払うことです。

また，教職員が児童生徒の模範として信頼される存在となるよう，自らの規範意識を絶えず見つめ直し，児童生徒一人一人を大切にしているかを繰り返し点検し，学級経営や教科指導，生徒指導に関する指導力の向上に努めることが重要です。

> **Point**
> □ 事例をもとに，いじめの態様や特質，原因・背景，具体的な指導上の留意点などについて，周知・共通理解を図る。
> □ いじめが生まれる背景としての今日的な課題に敏感になる。

(3) 専門家との連携――「チーム学校」時代の連携

児童生徒や保護者等の悩みを積極的に受け止めることができるよう校内の教育相談体制を活用するとともに，日ごろから児童生徒のがんばりなどについて保護者への連絡や児童生徒への声かけなどを行い，児童生徒や保護者が気軽に相談できる関係づくりに努めることが必要です。

平成29年4月，学校教育法施行規則が改定され，スクールカウンセラー（以下，SC）やスクールソーシャルワーカー（以下，SSW）などが，学校長の指揮命令のもと，教育活動を行う職員として明確に位置づけられました。今後，「チーム学校」の流れの中，SCやSSW等の専門家を，定期的に来校する外部の専門家としてではなく，校内の一員として，どれくらい日常の教育活動の中に生かすことができるかがポイントとなります。

「チーム学校」を実効性の高いものにするためには，コーディネート役の教職員の位置づけが重要になります。担当者として，単に分掌上に位置づけるだけでなく，授業時間数の軽減などにより，連携のための活動時間をきちんと保証するなどの工夫が必要です。

> **Point**
> □ アセスメントや授業など，すべての児童生徒を対象とした活動へのSC等の活用。
> □ コーディネート役の教員の位置づけと活動時間の保証。

(4) 風通しのよい職場づくり――学校を「ウチ」に開く

① 共に尊重しながら協力し合う「同僚性」が重要

気づきのアンテナの感度は人それぞれです。個々の教師をみても，立場や経験年数，学校全体の風土などにより，同じ行為に対する許容範囲はまちまちでしょう（図1）。

教員がしっかりと児童生徒と向き合い，個々が感じた疑問や懸念をすぐに言葉に出し，共有できる職場の雰囲気，若手教員から出される疑問や，養護教諭や事務職

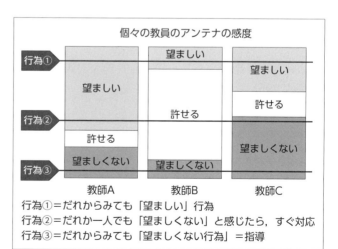

図　「いじめ」をどこでとらえるか (髙橋, 2019)

員，給食調理員，SCや地域ボランティアなど校内外の方々からの情報などを，互いに尊重しながら共有し，共に考えることができる教職員の人間関係，すなわち「同僚性」が非常に重要になります。

② 「いじめゼロ」を強く求めることのリスク

児童生徒が自らの活動として「いじめのない，みんなが楽しい学級（学校）」をめざすことは積極的に推進するべきであり，否定するものではありません。

しかし，学校全体が「いじめゼロ」にこだわりすぎると，学級でいじめが起こった際，「学級が安定しないのは，担任の指導力不足が原因」とみられることを恐れて，その発生報告を躊躇してしまう可能性もあります。また，逆に，学級からいじめを起こさないために，過度に管理的な指導を行ってしまうことも危惧されます。

目の前の状況に対する不安や懸念を気軽に相談できないとしたら，さまざまな経験をもち，さまざまな立場にある教職員が知恵と力を合わせて，互いに補い合いながら困難に立ち向かう「チーム学校」づくりはできません。

> **Point**
> □ 児童生徒の些細な変化も敏感につかむための視点の交流。
> □ 日ごろから学級経営や授業，生徒指導等について，気軽に話し合える職場の同僚性。
> □ 職員室内でミニケース会議などができる場（ミニテーブル等）や方法の確保。
> □ 教職員は「いじめゼロ」にこだわりすぎない。

(5) 家庭・地域の関係団体等との連携――学校を「ソト」に開く

PTA総会や保護者会等の場を活用したり，学校・学年だより等による広報活動を積極的に行ったりして，いじめ問題に対する学校の基本方針や保護者の責務，家庭教育の大切さ等を再確認し，保護者や地域の理解を得ておくことが必要です。

毎年，学校のいじめ問題に対する考え方や組織的な対応方針を，ていねいに説明し，あらかじめ関係者と共有しておくことが，すばやい情報共有につながります。

また，PTAや地域の関係機関，放課後子ども教室や学校支援地域本部など，学校にかかわりのある方々からいじめについての情報も得ることができるよう，窓口の周知や情報提供の依頼を定期的に行う必要もあります。

> **Point**
> □ いじめ問題の重大性や家庭教育の大切さ，ネット上のいじめ等についての講演会を，すべての保護者が参加する入学説明会等の機会を利用して開催。
> □ 児童会・生徒会とタイアップした「いじめ防止標語」の募集を保護者や地域の方に行うなど，地域全体の意識を高める活動の推進。

3　SGEを計画的に位置づける

(1) SGEを教育活動に計画的に位置づけ実施する

　国の基本方針には，「(学校の基本方針の)<u>中核的内容としては</u>，<u>いじめに向かわない態度・能力の育成等のいじめが起きにくい・いじめを許さない環境づくりのために</u>，年間の学校教育活動全体を通じて，いじめの防止に資する多様な取り組みが体系的・計画的に行われるよう，包括的な取組の方針を定め，その具体的な指導内容のプログラム化を図ること（「学校いじめ防止プログラム」の策定等）が必要である」（下線筆者）とあります。また，いじめに向かわない態度・能力の育成のために，「他人の気持ちを共感的に理解できる豊かな情操を培い，自分の存在と他人の存在を等しく認め，お互いの人格を尊重する態度を養う」（学校における「いじめの防止」「早期発見」「いじめに対する措置」のポイント）としています。いじめの防止・早期発見の観点では，SGEを学校の教育活動に計画的に位置づけ実施していくことが，いままさに求められているといえるでしょう。

　いじめとは，どの子どもにも起こりうるという認識に立って対応することが肝要であり，全児童生徒が自主的にいじめの問題について考え，議論するなど，いじめの防止に資する活動を行うことが必要です。その前提として，児童生徒が心を通わせ合い，発達段階に応じて活発に議論することができるコミュニケーション能力の育成，規律正しい態度で授業や行事に参加し，活躍できる授業づくりや集団づくりが不可欠です。

　居場所づくり，集団の凝集性の高揚，規範意識の高揚，自己受容や他者からの受容経験に基づく人間関係づくりなど，SGEのもつ教育的効果は，集団の一員としての自覚や自信，互いを認め合える人間関係・学校風土，すなわち，いじめが起きにくい，いじめを許さない学級をつくることにつながるものと考えます。

　また，教師にとってSGEリーダーとしての経験は，自らの言動が，児童生徒を傷つけたり，他の児童生徒によるいじめを助長したりすることのないよう，細心の注意を払うことの重要性について，身をもって理解することにもつながると考えます。

　さらに，学級でのSGE体験は，教師と子どもの親近感づくりにもなり，何でも相談しやすいあたたかい人間関係は，いじめの早期発見にも大きく貢献すると考えます。

(2) 学級集団にアプローチする意義

　平成29年４月，国立教育政策研究所は，日本などが加盟する国際機関「経済協力開発機構（OECD）」が平成27年に実施した「生徒の学習到達度調査（PISA）」の生徒質問紙による調査結果に基づき，「生徒のWell-being（生徒の「健やかさ・幸福度」）」に関する報告書を公表しました。報告書の中で，「いじめ」や「学校への所属感」などの状況について，国・地域別に比較や分析が行われています（表１，２）。

表1 「いじめの被害経験」にかかわる質問項目別の生徒の割合（％）

国名		「少なくとも月に数回」いじめ被害を経験していると答えた生徒の割合					
		他の生徒から仲間はずれにされた	他の生徒にからかわれた	他の生徒におどされた	他の生徒に自分の物を取られたり，壊されたりした	他の生徒にたたかれたり，押されたりした	他の生徒に意地の悪いうわさを流された
2015年調査	日本	4.7	17.0	2.5	2.8	8.9	6.1
	OECD平均	7.2	10.9	3.7	4.2	4.3	8.4

（国立教育政策研究所報告書，平成29年4月をもとに作成）

表2 生徒の学校への所属感にかかわる質問項目別の生徒の割合（％）

国名		学校ではよそ者だ（またはのけ者にされている）と感じる※※	学校ではすぐに友達ができる※	学校の一員だと感じている※	学校では気おくれがして居心地が悪い※※	他の生徒たちは私をよく思ってくれている※	学校にいるとさみしい※※
2015年調査	日本	88.1	68.8	81.9	80.5	73.8	88.5
	OECD平均	82.8	77.7	73.0	80.9	82.1	85.2
2015年度調査－2012年度調査	日本	−3.5	−10.3	−2.1	−2.8	−3.6	−1.3
	OECD平均	−6.1	−9.1	−8.3	−6.5	−6.8	−5.8

1 ※の質問項目では「まったくそのとおりだ」あるいは「そのとおりだ」と回答した生徒の割合，※※の項目では「そのとおりでない」あるいは「まったくそのとおりでない」と回答した生徒の割合を示す。

（国立教育政策研究所報告書，平成29年4月をもとに作成）

　いじめの内容別に見ると，日本では「仲間はずれにされた」「おどされた」経験は低いものの，逆に，「たたかれたり，押されたりした」「からかわれた」経験は他国と比べて高く，それぞれ比較可能な53カ国・地域中，4番目，8番目に高い割合を示しています。わが国では，いじめ問題を，いわゆる「社会通念上のいじめ」とは区別して，一見してからかいやふざけあいに見える問題も，いじめもしくはいじめにつながる可能性のある行為として，向き合っていくことの必要性を裏づける結果となりました。また，「学校への所属感」についても，前回12年調査との比較ですべての項目で低下していることが明らかになりました。

　こうした日本のいじめの特徴，児童生徒の学級集団との関係性からも，学級担任を中心に，いじめ防止等に向けた指導を計画的に実践していくことの意義は大きいといえます。

〔引用参考文献〕

(1) 「いじめ防止対策推進法」平成25年法律第71号
(2) 文部科学省「平成29年度児童生徒の問題行動・不登校等生徒指導上の諸課題に関する調査について」
(3) 文部科学省「いじめ防止等のための基本的な方針」2017
(4) 国立教育政策研究所「OECD 生徒の学習到達度調査　PISA2015年調査国際結果報告書　生徒のwell-being（生徒の「健やかさ・幸福度」）」2017

❷ いじめをどのように早期発見するか
―― アンケートの工夫と子どもが出すサインのポイント ――

徳楽　仁（輪島市立門前中学校教頭）

「冷やかしやからかい」といったいじめ行為を「一度もしたことがない，されたことがない，見たこともない」という大人はどれくらいいるでしょうか。私たち大人の多くが，子どものころは，いじめという認識のないまま，だれかを冷やかしたりからかったりという行為を経験し，成長してきたように思います。それは，いまの子どもたちも同様なのではないでしょうか。しかし，こうした「軽微と思われがちないじめ」が繰り返されることにより，自ら命を落としてしまう悲惨な事案が後を絶ちません。「いじめ防止対策推進法」の施行後も，いじめが一向に減る兆しがみえないのはなぜでしょうか。

私自身が中学校教師として勤務した23年間と，指導主事等として勤務してきた6年間の経験をふりかえりながら，いじめの早期発見（1次支援）の観点から考えます。

1　いじめの認知

(1) いじめの判断・対応は組織で行う

平成25年施行「いじめ防止対策推進法」第2条には，いじめの定義が以下のように示されています。

「この法律において『いじめ』とは，児童等に対して，当該児童等が在籍する学校に在籍している等当該児童等と一定の人的関係にある他の児童等が行う心理的又は物理的な影響を与える行為（インターネットを通じて行われるものを含む。）であって，当該行為の対象となった児童等が心身の苦痛を感じているものをいう」

私は，教員を対象とした研修会の中で，「この定義にあてはめると明らかにいじめと判断しなければならない事例」（下記参照）を提示し，そのとらえ方を確認しています。

【事例】（出典：平成27年度　いじめ防止等に関する普及啓発協議会「行政説明」）

> Aさんは，同じクラスのBさんに，いきなり頭をたたかれた。Aさんは泣きながら担任のところへ駆け寄り，「Bさんにたたかれた」と訴えた。担任は，Bさんに事実確認したところ，Aさんをたたいたことを認めたため，厳しく注意した。AさんがBさんにたたかれたのは，後にも先にもこの日だけである。

上記の定義に基づく教職員のいじめの認知は、どこまで徹底されているでしょうか。

私が、さきの事例を扱った研修会を2年間で複数回実施したところ、いずれも参加者の判断は分かれました。「この程度ではいじめとはいえない」「1回きりだからいじめではない」「これをいじめと判断したらきりがない」といった声が聞かれるのが実態です。

では、いじめかどうかの判断は、だれが行うべきでしょうか。すべての教師が同じ判断ができれば理想的ですが、教師一人一人の判断には、多少のずれが生じると思われます。そのずれを修正するため、学校いじめ防止基本方針等をもとに共通理解を図る場、すなわち校内研修会等が欠かせませんが、それでも完全に一致させることは不可能です。そのため、いじめかどうかの判断は組織で行う必要があるのです。いじめを適切に認知し、担任が一人で抱え込むことなく、組織で対応することがまず大切になります。

(2) いじめの判断基準・対処の仕方は、児童生徒・保護者に伝達を

忘れてはならないのが、学校としていじめかどうかを判断する基準を、児童生徒や保護者に対しても、事前にきちんと伝えておくことです。

効果的なのは、年度当初の保護者会や全校集会等の場で、いじめの判断基準やいじめが起こった場合の対処の仕方、相談窓口の設置に関することなど、学校のいじめ問題に対する姿勢をしっかりと伝えておくことです。これがきっちりと行われていれば、学校、教師、保護者、児童生徒が同じスタートラインに立ち、それぞれの責任等が意識づけされ、いじめを許さない学校づくりがスタートできるのです。

2 いじめアンケートの工夫と活用

(1) アンケートは、いじめ早期発見の有効手段

いじめアンケートに関しては、私自身、悔やんでも悔やみきれない思いがあります。

私が中学校教員として現場にいたころ、学校生活に関するアンケートに書き込まれたある生徒の訴えを見逃し、結果、生徒が学校に来られない状態へ追い込んでしまったのです。

勇気をふり絞り、「いま、いじめられている」とアンケートに回答した生徒に対し、当時の私は、「あとで話を聞いてみよう」と思っただけで忘れてしまい、その生徒が学校を休むようになって初めて自分の不適切な対応に気づいたのです。その後、本人への謝罪やいじめの実態調査等、対応に努めましたが、失われた信頼は大きく、不登校状態が続き、進路にも大きな影響を及ぼすこととなってしまったのです。

これは本来あってはならないことですが、起こりうることとして、自戒を込め、いじめアンケートについて考えてみたいと思います。

平成29年度「児童生徒の問題行動・不登校等生徒指導上の諸課題に関する調査について」によると、「いじめの発見のきっかけ」における「アンケート調査など学校の取組に

より発見」の割合は52.8%となっています。いじめの早期発見にあたり、いじめアンケートが果たす役割は大きいといえるでしょう。同調査によれば、公立学校におけるいじめアンケートの実施率は99%を超えており、ほぼすべての学校で実施されていますが、アンケートの内容や実施回数、実施形態などはさまざまです。

(2) いじめアンケートのあり方（事例より）

県内のA中学校の取り組みを例に、いじめアンケートのあり方について述べます。A中学校では、現在2種類のアンケートを実施しています。アンケート事例①は、月2回、学級ごとに朝礼や終礼等の時間を利用して実施するもので、まさに早期発見のための手段となるアンケートです。いじめの有無を直接問うだけではなく、学校生活に関するセルフチェック、困っていること・困っている人はいないかを問う形式となっており、生徒にとって答えやすいものとなっています。シンプルですが、毎回チェック項目の内容を変え、最後は自分のことを前向きにフィードバックできる設問を入れるなどの工夫がされています。実施頻度は多くても形式的なものにはなっていないため、マンネリ化を防いでいます。

困っている生徒を積極的に助けようとするこの学校の取り組みは、学校の「いじめを見逃さない」「いじめの被害者を徹底して守る」といった毅然とした姿勢を生徒や保護者に伝えるメッセージとしての役割も果たしていると考えられます。

アンケート事例①（月2回実施）

○○中学校生活アンケート		
年　　組　　番　氏名		
【5月2日（火）～5月15日（火）】をふりかえりましょう。		
※A＝よくできている　B＝まぁまぁできている　C＝できていない		
①	足をそろえて「先あいさつ」	A・B・C
②	毎日の「FKシート」の提出	A・B・C
③	チャイムで着席	A・B・C
④	教室移動の際の、自分の机・イスの整頓	A・B・C
⑤	始業、終業時のていねいなあいさつ	A・B・C
⑥	盛り付けられた給食の完食	A・B・C
⑦	応援練習での声出しMAX	A・B・C
⑧	学校生活で困っていることはありませんか。	ある・ない
	それは、どんなことですか。	
⑨	あなたの周りで困っている人はいませんか。	ある・ない
	それは、だれですか。	
⑩	ここまでの40日間、あなたの"Nice TRY"を教えてください。	
		5月16日実施

○○中学校生活アンケート		
年　　組　　番　氏名		
【5月16日（火）～6月4日（日）】をふりかえりましょう。		
※A＝よくできている　B＝まぁまぁできている　C＝できていない		
①	さわやかに整えられた夏服	A・B・C
②	一生懸命な水拭き掃除	A・B・C
③	びっしり書かれたFKシート	A・B・C
④	授業での学び合い（聴く、考える、伝える）	A・B・C
⑤	教室移動時の机・イスの整頓	A・B・C
⑥	部活動への意欲的な参加	A・B・C
⑦	早寝・早起き・朝ごはん	A・B・C
⑧	学校生活で困っていることはありませんか。	ある・ない
	それは、どんなことですか。	
⑨	あなたの周りで困っている人はいませんか。	ある・ない
	それは、だれですか。	
⑩	あなたは日ごろ、どんな方法で自分と友達とをつないでいますか？	
		6月5日実施

アンケート事例②は，学期に1回の割合で実施するもので，学習や部活動など学校生活全般に関するアンケートの中に，いじめを含む人間関係等のトラブルについても問う形式となっています。このアンケート結果は，教育相談（個人面談）の基礎資料となっています。なお，教育相談は，児童生徒が安心して相談できるよう，時間や場所等の工夫が必要です。

アンケート事例②（学期に1回実施）

教育相談　アンケート　　　　　平成　　年　　月実施

○○中学校　（　）年（　）組（　）番　氏名（　　　　　　　　　　）

みなさんにはだれでもいろいろな悩みごとがあるだろうと思います。それはけっして恥ずかしいものではありません。このアンケートをもとに，学級担任の先生と面接を行います。どんな悩みでも気軽に相談してください。

1．あなたは毎日の生活で，何をしているときが楽しいですか。複数可
（　　　　　　　　　　　　　　　　　　　　　　　　　　　　　　）

2．勉強について，あなたはいま何か悩みはありますか。（　はい　・　いいえ　）
＊「はい」と答えた人は，どんな悩みですか。複数可
（　）思うような成績がとれない。　　　（　）わからない教科がある。
（　）勉強の仕方がわからない。　　　　（　）勉強に集中できない。
（　）勉強する意欲がわかない。　　　　（　）学校でのテストのこと。
（　）受験勉強のこと。　　　　　　　　（　）部活動と勉強の両立ができない。
（　）その他（　　　　　　　　　　　　　　　　　　　　　　　　）

3．得意な教科と苦手な教科は何ですか。複数可
得意な教科（　　　　　　　　　　）　苦手な教科（　　　　　　　　　　）

4．友人関係について，あなたはいま悩みがありますか。（　はい　・　いいえ　）
＊「はい」と答えた人は，どんな悩みですか。複数可
（　）友達との仲がうまくいっていない。　（　）仲のよい友達がいない。
（　）異性の友達がいない。　　　　　　　（　）言葉でいじめられる。
（　）暴力でいじめられる。
（　）その他（　　　　　　　　　　　　　　　　　　　　　　　　）

5．家庭について，あなたはいま悩みがありますか。（　はい　・　いいえ　）
＊「はい」と答えた人は，どんな悩みですか。複数可
（　）父とうまくいっていない。　　　　（　）母とうまくいっていない。
（　）祖父母とうまくいっていない。　　（　）家族の仲がうまくいっていない。
（　）家族のことで心配事がある。　　　（　）家庭に経済的な問題がある。
（　）親（保護者）の期待が大きすぎる。（　）親（保護者）が気持ちを理解してくれない。
（　）その他（　　　　　　　　　　　　　　　　　　　　　　　　）

6．部活動について，あなたはいま悩みがありますか。（　はい　・　いいえ　）
＊「はい」と答えた人は，どんな悩みですか。複数可
（　）技術面で上達しない。　　　　　　（　）レギュラーになれない。
（　）同級生とうまくやれない。　　　　（　）先輩とうまくいかない。
（　）後輩とうまくいかない。　　　　　（　）チームとしてうまくいかない。
（　）その他（　　　　　　　　　　　　　　　　　　　　　　　　）

7．その他のことで，あなたはいま悩みがありますか。（　はい　・　いいえ　）
＊「はい」と答えた人は，どんな悩みですか。
（　　　　　　　　　　　　　　　　　　　　　　　　　　　　　　）

(3) いじめアンケートの留意点

いじめアンケートの実施にあたり留意すべき点として，教室で行う場合には整然としたなかで実施すること，そして，自分自身はもとより友達の被害の訴え等も安心して記述できるよう，秘密厳守を徹底することなどがあげられます。

また，記入時，周りの目が気になる児童生徒に配慮して，短時間で記述できる形式にすることも大切です。「後で詳しく話したいことがあるか→①はい　②いいえ（該当するものに○印をつける）」のようにする方法もあります。集める際は担任が一人ずつ回収すれば，秘密を守ってもらえるという安心感が得られます。あるいは，朝自習等に朝自習プリントとともにいじめアンケートを配布し，記入させる方法があります。これにより児童生徒は，時間を気にせず記述できます。アンケートを朝の段階で実施する利点は，いじめの訴えや気になる情報について，その日のうちに面談を行うなどして確認できることです。

なお，アンケートの確認は，担任一人ではなく，複数の目でチェックすることで対応のミスを防ぐことができます。最終的には，生徒指導主事等のもとに集約され，気になる情報等については学校全体で共有することが重要です。

3　いじめの発生しやすい時期

いじめの発生しやすい時期として明確な調査データは持ち合わせてはいませんが，石川県教員総合研修センターで扱っている教育相談の状況から，いじめに関する相談について，過去5年分にわたって集計したものが下の図です。傾向として，1学期は6月と7月，2学期は9月と10月の相談件数が多くなっています。これは私の個人的な推測ですが，新学期，新たな学級での人間関係が出来上がってきた時期と，長期休業あけ，同じ人間関係で学校生活が再スタートする時期に相談件数が多いことから，児童生徒の様子を注意深く見守る必要性が高い時期といえるのではないかと考えます。

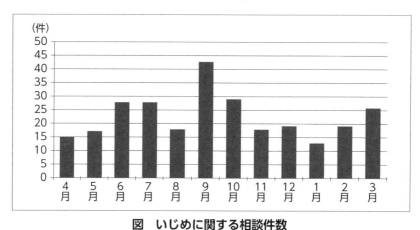

図　いじめに関する相談件数
石川県教員総合研修センター（平成24～28年）教育相談状況より

4 高リスクの児童生徒と気をつけたほうがよい場面

　高リスク児の把握については，近年，発達障害のある児童生徒がいじめの加害や被害に関係しているケースや，性的マイノリティーの児童生徒が関係しているケースなども指摘されており，対策は急務といえます。

　何より大切なのは，いじめの被害や加害の経験の有無，その内容，当時の対応，現在の状態等をしっかりと把握しておくことです。そのために，幼保・小・中・高でいじめに関する情報をつなぐ縦の連携を密にする必要があります。

　例えば，生徒指導に関する個人カード等を，取り扱い等に十分配慮しつつつなぎ，高リスクと思われる児童生徒を把握し，観察・見守りを組織的に行うことが考えられます。

　次に，気をつけたほうがよい場面について考えます。学校生活の中で子どもたちはさまざまな悩みや不安に伴うサインを，言葉や表情，しぐさなどで表しています。教師は，一人一人の子どもが発するサインを見逃さず，早期に対応することが大切です。以下，石川県の「いじめ防止基本方針」より一部抜粋し，学校でわかるいじめ発見のポイントを示します（表1・2）。

表1　いじめられている子どもの発見のポイント (石川県「いじめ防止基本方針」より一部抜粋)

発見の機会	観察の視点（特に変化がみられる点）	
朝の会	○遅刻・欠席が増える。 ○表情がさえず，うつむきがちになる。	○始業時刻ギリギリの登校が多い。 ○出席確認の声が小さい。
授業開始時	○忘れ物が多くなる。 ○用具，机，イス等が散乱している。 ○一人だけ遅れて教室に入る。	○涙を流した気配が感じられる。 ○周囲が何となくざわついている。 ○席をかえられている。
授業中	○正しい答えを冷やかされる。 ○発言に対し，しらけや嘲笑が見られる。 ○責任ある係の選出の際，冷やかし半分に名前があげられる。	○ひどいアダ名で呼ばれる。 ○グループ分けで孤立することが多い（机を合わせないなど）。 ○保健室によく行くようになる。
休み時間	○一人でいることが多い。 ○わけもなく階段や廊下等を歩いている。 ○用もないのに職員室等に来る。 ○遊びの中で孤立しがちである。	○プロレスごっこで負けることが多い。 ○集中してボールを当てられる。 ○遊びの中で，いつも同じ役をしている。
給食時間	○食べ物にいたずらをされる。 ○グループで食べるとき席を離している。	○その子どもが配膳すると嫌がられる。 ○嫌われるメニューのときに多く盛られる。
清掃時	○目の前にゴミを捨てられる。 ○最後まで一人でする。	○机やイスがぽつんと残る。
放課後	○衣服が汚れたり髪が乱れたりしている。 ○顔にすり傷や鼻血の跡がある。 ○急いで一人で帰宅する。	○用事がないのに学校に残っている日がある。 ○部活動に参加しなくなる。

表2 注意が必要な児童生徒の様子 (石川県「いじめ防止基本方針」より一部抜粋)

様子等	観察の視点（特に変化がみられる点）	
動作や表情	○活気がなく、おどおどしている。 ○寂しそうな暗い表情をする。 ○手遊び等が多くなる。 ○独り言を言ったり急に大声を出したりする。	○視線を合わさない。 ○教師と話すとき不安な表情をする。 ○委員を辞める等やる気を失う。
持ち物や服装	○教科書等にいたずら書きをされる。 ○持ち物、靴、傘等を隠される。	○刃物等、危険なものを所持する。 ○服装が乱れたり破れたりしている。
その他	○日記、作文、絵画等に気にかかる表現や描写が表れる。 ○教科書、教室の壁等に落書きがある。 ○教材費、写真代等の提出が遅れる。 ○飼育動物や昆虫等に残虐な行為をする。	○下足箱の中に嫌がらせの手紙等が入っている。 ○インターネットや携帯電話のメールに悪口を書き込まれる。 ○SNSのグループから故意にはずされる。

　このいじめ発見のポイントが示すとおり、学校生活のあらゆる場面で、いじめを早期に発見できる機会があります。子どもが示すわずかな変化を敏感にとらえることのできる教師の感性、観察力が問われています。また、いずれの場面でも、その場に教師が存在していることが前提となります。学校現場の多忙な状況のなか、常に教師の目が届く状況をつくることは簡単ではないでしょう。しかし、学校として何ができるか検討し、できる限りの対応をすることは、今後ますます求められるでしょう。

　私が訪問させていただいた学校の中に、「子どもと向き合う時間を確保する」ことを最優先事項とし、校務改革（朝会・会議・研修等の削減）に取り組み、不登校を大幅に削減するなど大きな成果を上げた学校があります。各学校の状況に応じた工夫を期待します。

5　情報共有のための方策

　私が勤務してきた学校では、いじめの問題を含め、気になる児童生徒についての情報を職員間で共有するための方策として、毎月行われる職員会議で、学級担任が学級の状況を報告する、「児童生徒理解の時間」を設けているケースが多くみられました。

　このような時間は大切ですが、私の経験上、十分な時間がとれずに形式的なものになってしまったり、事後報告に終始してしまったり、といった課題がみられました。もちろん緊急性の高い場合には、職員朝礼を利用したり臨時の会議を開いたりといった対応も行われましたが、冒頭に述べた「冷やかし」や「からかい」等の、「些細なこと」ととらえられがちないじめに関する情報が速やかに共有されることは、あまりなかったように思います。

　いじめアンケートで紹介したA中学校は、「報・連・相ファイル」の取り組みや、「生徒指導通信」の発行により、迅速な情報共有に努め、成果を上げています。「報・連・相ファイル」は、日々の教育活動の中で教員が把握した気になる情報を付箋紙に書き込み、所

定のファイルに貼り付けていくもので，1週間ごとに生徒指導主事が付箋紙を整理し，印刷・回覧することで情報共有を図るものです。パソコン等で打ち直しすることなく活用できるため，取り組みやすく，しかも，きめ細かな児童生徒理解につながっています。

　また，生徒指導主事が不定期に発行している「生徒指導通信」は，特に全体で共有する必要がある情報や事案等について簡潔にまとめたもので，大規模校ではややむずかしい学年を越えた事例の情報共有にも役立っています。いじめの問題をきめ細かく把握し，組織的にかかわっていくためには，A中学校のように気になったことを気軽に報告できるシステムが必要です。学校の規模や児童生徒の実態等に応じて，負担になりすぎず継続して取り組める仕組みを構築することが大切です。

6　いじめ被害の可能性がある子どもを発見したらどうするか

　いじめを発見，あるいは通報を受けた際，まず徹底すべきは，教員が1人で抱え込まないということです。重大な事態にいたった多くの事案でこの点が課題となったという事実を忘れてはなりません。ときに教員は，子どもを思うあまり，何としても自分の力で解決したいと思うことがあります。しかし，1人より2人，2人より3人……です。複数で対応したほうが適切な対策がとれる可能性が高くなることを肝に銘じておく必要があります。

　また，いじめの問題は，組織で対応することが法律で規定されている以上，法に基づく対応をとることは，教師自身を守ることにもつながるという認識をもつ必要があります。

　児童生徒への直接的な支援や指導にあたっては，まず，被害児童生徒を守り通すことを第一に考える必要があります。被害児童生徒やその保護者に寄り添う親身な対応が必要です。また，加害児童生徒については，毅然とした対応が必要なことは言うまでもありませんが，「そうせざるを得なかった背景が存在するかもしれない」という視点も忘れてはなりません。すべての児童生徒の将来の自己実現，社会的な自立に向けて必要と思われる支援と指導を行うことが教師の役割でしょう。

　いじめを完全になくすことはむずかしいかもしれません。しかし，減らすことは可能です。いじめの問題への対応は，何より優先して取り組むべきことです。いま，各学校のチームとしての対応力が問われています。すべての子どもたちの命と人権を守るため，教職員が力を合わせ，奮闘されることを期待します。

〔引用参考文献〕
(1)　「いじめ防止対策推進法」平成25年法律第71号
(2)　文部科学省「平成29年度児童生徒の問題行動・不登校等生徒指導上の諸課題に関する調査について」
(3)　石川県「いじめ防止基本方針」2014

❸ 3段階で進める「いじめ防止教育プログラム」
――予防的危機対応,危機発生時の対応,事後の危機対応――

住本克彦(新見公立大学教授)
仁八潔(前石川県教育総合研修センター教育相談課課長)

いじめ問題の解決は,教育現場における喫緊の課題であり,「いじめ防止教育プログラム」の開発・実践が急がれます。そこで本稿では,いじめ対応のプロセスを,①予防的危機対応,②危機発生時の対応,③事後の危機対応に分け,各段階についてみていきます。

また,いじめの対処については,「いじめ防止対策推進法」の第15条「学校におけるいじめの防止」で,「心の通う対人交流の能力の素地を養うことがいじめ防止に資することを踏まえ,全ての教育活動を通じた道徳教育及び体験活動等の充実を図らなければならない」とし,「いじめをしない・されない・許さない」等の普及啓発につながる開発的機能を充実させることを強調しています。この点は,「生徒指導提要」(文部科学省,2010)でも取り上げられています。そこで本稿では,開発的機能として,開発的カウンセリング技法の活用も提案したいと思います。

1 3段階で進める「いじめ防止教育プログラム」

いじめ防止教育の3段階とは

いじめ防止教育では,いじめの未然防止はもちろん,危機発生時の早期対応,被害者・加害者への中長期にわたる心のケア等について考えておく必要があります(下図参照)。

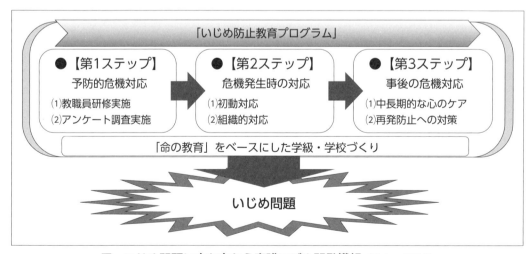

図 いじめ問題に立ち向かう実践モデル開発構想 (住本,2018)

2 「いじめ防止教育プログラム」実践時のポイント

第1ステップ ――予防的危機対応

① 学級活動や道徳の時間等を活用して、いじめアンケート調査、「いじめとは何か」「いじめが心身に及ぼす影響」等のテーマで授業を行う。

② 教職員研修を実施する。いじめ問題に取り組むことの重要性を全教師が認識し、日常での子どもとのふれあいの中で、いじめの早期発見に努める。

③ 児童生徒と教師との関係づくり。困ったことがあればどんなことでも教師に相談できる関係をつくっておく。子どもが担任以外に相談できる環境も検討する。

④ いじめに関する学級や学校の方針を明確にする。また、教師の自己開示で、「いじめを見て見ぬふりをするのは、いじめを助長していることと同じであること」を子どもたちに認識させる。

⑤ 他の教師、保護者、地域の人々からの情報が得られる関係やシステムをつくり、いじめの早期発見につなげる。

第2ステップ ――危機発生時の対応

(1) 初動対応

① いじめが疑われる場合、いじめ被害を受けている子どもの安全・安心と保護を最優先する。同時に、いじめの事実確認への取り組みを開始する。

② 子どもが「いじめられた」と感じたらいじめと認識することを、教師間で共有する。教師はいじめられた側の立場に立ったうえで、毅然とした態度で対処する。

③ 「いじめられた子どもに問題はない」という指導観に立ち、再発防止のための加害児童生徒への指導を重視する。

④ 十分な準備のないまま、すぐに学級会やホームルームを開くことは、かえって被害者を孤立させることがある。報復の不安に対しても対処する。

⑤ 恐喝・暴行等、少年犯罪が伴う場合は、警察に被害状況を届ける。

(2) 組織的対応

① いじめ被害から子どもを、組織をあげて守り抜く。

② 情報の収集、対応策の検討等には、教師・保護者・地域の協力が不可欠である。

③ いじめられている子どもや、その保護者への具体的支援は、担任一人に任せるのではなく、管理職の支援も得て、複数であたる。

④ いじめている側の子ども、保護者に対しても、その指導や話し合いを並行して進める。

⑤ いじめられた子どものケアでは、心の痛みを受け止めようとする教師の態度、学級

の子どもたちの共感的態度が不可欠である。
⑥ いじめられた子ども本人の精神的混乱を鎮めるためにも，保護者と協力し，場合によってはスクールカウンセラーや関係機関の協力を得て支援にあたる。

第3ステップ ──事後の危機対応

いじめが解消したとの判断には，次の二つの要件の確認が必要であるとされます（文部科学省「いじめの防止等のための基本的な方針」2017）。

① 「被害者に対する心理的又は，物理的な影響を与える行為（インターネットを通じて行われるものを含む。）が止んでいる状態が相当の期間継続していること。この相当の期間とは，少なくとも3カ月を目安とする」

② 「いじめに係る行為が止んでいるかどうかを判断する時点において，被害児童生徒がいじめの行為により心身の苦痛を感じていないと認められること」

さらに，被害の重大性からは，さらなる長期の注視が必要と考えられる場合は，3カ月という目安にかかわらず，注意深く観察を継続していくことが求められています。

この段階でのポイントは，以下の3点です。

① 加害者，被害者の様子を継続的に注意深く見守り，いじめの完全解消を慎重に見きわめる。

② 被害者の精神的安定の回復のため，スクールカウンセラーやスクールソーシャルワーカー，医師などと連携した中長期的な心のケアを検討する。

③ 子ども同士，教師と子どもたちとの人間関係づくりのワーク（開発的カウンセリング技法の活用）やそのための研修会を開き，いじめの再発防止への対策を講じる。

3 開発的カウンセリング技法活用による「いじめ防止教育プログラム」

最後に，「いじめ防止教育プログラム」への開発的カウンセリング技法の活用（住本，2014）を紹介します。

いじめ防止教育：第1段階 ──予防的危機対応時・事後の危機発生対応時に実施

・アンケートや質問紙を使って，児童生徒や学級の実態把握をしたり，複数回実施による実態変容の確認をしたりします。

いじめ防止教育：第2段階 ──予防的危機対応時・事後の危機発生対応時に実施

以下の開発的カウンセリング技法の活用により，児童生徒の人間関係づくりを促進し，いじめ防止教育を進めます。紙面の関係上，四つのスキルの紹介にとどめますが，各技法についても，教職員研修等で体験し，実践してください。

・「SGE」による人間関係づくり：エクササイズとシェアリングによって，ふれあいのある人間関係づくりを行います（第2章参照）。

- 「ピアサポート」による人間関係づくり：子どもたちが互いに思いやり，助け合い，支え合う人間関係をつくる教育活動を進めます。
- 「アサーショントレーニング」による自己表現力の向上と人間関係づくり：自他を大切にしたコミュニケーションの交流による人間関係を構築します。
- 「ソーシャルスキルトレーニング」による人間関係づくり：集団生活のルールやスキルを学ぶことにより社会性を向上させます。

いじめ防止教育：第3段階 ── 予防的危機対応時・危機発生対応時・事後の危機発生対応時に実施

　危機発生時の対応について，①専門家の講義，②参加型・体験型の演習形式による事例検討会，あるいは①②の併用による教職員研修を実施します。いじめ対応は一人で抱え込まず，組織で動くことが大切です。②により，参加者間のチームワークの育成や，参加者の力量を互いに高め合うことをねらいとすることができます。筆者は，下記の手法を組み合わせた体験型研修プログラムを「S-7step法」として実施しています（住本，2018）。

- インシデント・プロセス法──事例演習の一つで，ある出来事に対し，背景や原因を分析し，対処法を考える技法。
- ブレインストーミング法──集団でアイデアを出し合うことで相互の連鎖反応や発想の誘発等を期待する技法。
- KJ法──データをカードに記述し，カードをグループごとにまとめて図解し，整理していく技法等を活用したグループワーク。

〔引用参考文献〕
(1) 「いじめ防止対策推進法」平成25年法律第71号
(2) 文部科学省「生徒指導提要」2010
(3) 住本克彦「いじめ問題にどう立ち向かうか ─生徒指導・教育相談のさらなる充実のために─」『教育時報2018.4月号』岡山県教育委員会，2018
(4) 国立教育政策研究所生徒指導・進路指導研究センター「いじめ追跡調査2010-2012」2013
(5) 文部科学省「『いじめ防止対策推進法』の成立を受けたいじめの問題への取組の徹底について」『月刊生徒指導』第43巻第11号，学事出版，2013
(6) 文部科学省「平成29年度児童生徒の問題行動・不登校等生徒指導上の諸課題に関する調査について」
(7) 森田洋司・清永賢二『いじめ─教室の病い』金子書房，2004
(8) 兵庫県心の教育総合センター「学校における心の危機対応実践ハンドブック」2002
(9) 文部科学省「いじめの防止等のための基本的な方針」2017
(10) 住本克彦「『生徒指導』『教育相談』における"S-7step法"活用の有効性の検討」新見公立大学紀要第38巻第1号，2018

❹ いじめの重大事態への対処
──重大事態への認識を高め，事例検討会で対処法を探る──

梅本剛雄（滋賀県立長浜北高等学校校長）
住本克彦（新見公立大学教授）

　ここでは，「いじめ防止対策推進法」（以下，法）における「重大事態」の基礎知識と対処法について，文部科学省「いじめの重大事態の調査に関するガイドライン」2017，文部科学省「いじめ防止等のための基本的な方針」2017等をもとに概観します。

1　「いじめ防止対策推進法」で取り上げられた重大事態とは

（1）　**重大事態とは**──①「いじめにより児童生徒の生命や心身，財産に重大な被害が生じた疑いがあると認められるとき」，②「いじめにより相当の期間（年間30日を目安，または一定の期間連続），学校を欠席することを余儀なくされている疑いがあると認められるとき」をいいます。

（2）　**重大事態発生時の対処は**──学校の設置者に報告し，調査の仕方等について，対応を相談します。発生時にはまだそれがいじめによるものか判断できない場合でも，重大事態の疑いがある場合や，児童生徒や保護者から，いじめられて重大事態にいたったという申し立てがあった場合には，すぐに学校の設置者に報告・相談します（下図参照）。

学校を主体とした場合（学校の設置者が，調査の主体を判断）

1　調査組織を設置
　↓　第三者の参画を図ることにより，公平性・中立性を確保するように努める。

2　事実関係を明確にするための調査を実施
　↓　因果関係の特定を急ぐべきではなく，客観的な事実関係を速やかに調査する。

3　いじめを受けた児童生徒・保護者への情報提供
　↓　アンケート等の調査を行うにあたり，情報提供する旨を，調査対象の在校生や保護者に説明する等の措置が必要になる。また，関係者の個人情報には十分配慮する。

4　学校の措置者に報告
　↓　いじめを受けた児童生徒またはその保護者が希望した場合は，所見をまとめた文書の提供を受け，調査結果に添える。

5　調査結果を踏まえた必要な措置

図　いじめの重大事態への対処

2　重大事件・重大被害についての認識を高める

　文部科学省「いじめ防止等のための基本的な方針」では，いじめの重大事態の「生命や心身，財産に重大な被害」については，いじめを受ける児童生徒の状況に着目して判断するとし，以下の四つを想定されるケースとしてあげています。こういった視点を認識することはとても大切です。以下にあげる内容をぜひ参考にしてください。

① 児童生徒が自殺を企図した場合。
② 身体に重大な傷害を負った場合。
③ 金品等に重大な被害を被った場合。
④ 精神性の疾患を発症した場合。

　重大被害は，被害の内容から，(1)生命被害，(2)身体被害，(3)財産被害，(4)精神被害に分類できるので，以下の具体的内容を確認し，事例をもとに研修を実施しながら，あらかじめシミュレーションしておくことが大切です。

(1) 生命被害

　生命被害とは，生命に対する重大な被害，すなわち死および自殺未遂を指しています。
　直接型の生命被害（いじめの実行行為そのものにより死の結果が生じた場合）の例としては，同級生を故意に殺害した場合があげられます。間接型の生命被害（いじめの実行行為があった後に，その対象となった者がいじめを苦にするなどした結果として死の結果が生じた場合）の例としては，いじめを苦にして自殺した場合があげられます。直接型，間接型ともに，重大事態における対策を講じる必要があります。

(2) 身体被害

　身体被害とは，「身体に対する重大な被害」を指し，具体的には，おおむね30日以上の加療を要すると見込まれる重大な傷害を目安とします。
　直接型の身体被害が生じた例（いじめの実行行為そのものにより重大な傷害の結果が生じた場合）の例としては，集団暴行により大けがを負わせた場合があげられます。間接型の身体被害（いじめの実行行為があった後に，その対象となった者がいじめを苦にするなどした結果として重大な傷害が生じた場合）の例としては，いじめを苦にして自殺を試みた結果，一命を取りとめたものの，意識が戻らない状態が続いたり，重い後遺症が残ったりした場合があげられます。この場合も，直接型，間接型ともに，重大事態における対策を講じる必要があります。

(3) 財産被害

　財産被害とは「財産に対する重大な被害」，具体的には，財産に対する（金銭以外の財産である場合は金銭換算で）重大な損害を被った場合を指します。

直接型の財産被害（いじめの実行行為そのものにより財産に重大な被害が生じた場合）の例としては、継続的な恐喝により累計で数10万円の損害にいたった場合などがあげられます。間接型の財産被害（いじめの実行行為があった後に、その対象となった者がいじめを苦にするなどした結果として財産に重大な損害が生じた場合）の例としては、「しばしば仲間はずれにされている者が、仲間はずれにされないよう<u>機嫌をとる目的で、要求はされてはいないが金銭を渡した</u>」（下線筆者）などがあげられます。このような財産被害の場合も、直接型、間接型ともに、重大事態における対策を講じる必要があります。

(4) 精神被害

精神被害とは「精神に対する重大な被害」すなわち精神性疾患を指します。精神被害が生じた例としては、いじめを苦にした結果、精神性疾患を新たに発症した場合などです。

なお、「いじめにより相当の期間、学校を欠席することを余儀なくされている」重大事態については、30日を目安にしているものの、一定期間連続で欠席している場合は、学校の判断によって、迅速に調査に着手する必要があります。

3 調査の主体と調査の趣旨

(1) 学校の設置者が調査を実施する場合

① 調査の流れと留意事項

重大事態が起きた場合、重大事態の調査の主体を判断するのは、学校の設置者（公立学校の場合、設置者は教育委員会）です。

従前の経緯や事案の特性、いじめられた児童生徒または保護者の訴えなどを踏まえ、学校主体の調査では、重大事態への対処および同種の事態の発生の防止に必ずしも十分な結果を得られないと学校の設置者が判断する場合や、学校の教育活動に支障が生じるおそれがある場合には、学校の設置者が調査を実施するとしています。

事実関係を明確にするための調査の実施については、まず、「事実関係を明確にする」とは、重大事態にいたる要因となったいじめ行為が、いつ（いつごろから）、だれから行われ、どのような態様であったか、いじめを生んだ背景事情や児童生徒の人間関係にどのような問題があったか、学校・教職員がどのように対応したかなどの事実関係を、可能な限り網羅的に明確にすることが重要となります。ここで、強調されているのは以下の点です。

> 因果関係の特定を急ぐべきではなく、客観的な事実関係を速やかに調査することが大切。この調査は、民事・刑事上の責任追及やその他の争訟等への対応を直接の目的とするものでないことは言うまでもなく、学校とその設置者が事実に向き合うことで、当該事態への対処や同種の事態の発生防止を図るものである。

○ いじめられた児童生徒からの聴き取りが可能な場合――いじめられた児童生徒や情報提供者の児童生徒を守ることを最優先とした調査を実施します。調査による事実関係の確認とともに，いじめた児童生徒への指導や，いじめられた児童生徒の状況にあわせた継続的なケア，落ち着いた学校生活復帰の支援や学習支援等が必要となります。

○ いじめられた児童生徒からの聴き取りが不可能な場合――当該児童生徒の保護者の要望・意見を十分に聴取し，迅速に今後の調査について協議し，調査に着手していくことです。

(2) 学校が調査主体の場合

学校が調査主体の場合については，学校の設置者の指導・助言のもと，以下のような対応にあたっていきます。

① 学校のもとに，重大事態の調査組織を設置

組織の構成については，専門的知識および経験を有し，当該いじめ事案の関係者と直接の人間関係または特別の利害関係を有しない第三者の参加を図ることにより，当該調査の公平性・中立性を確保するよう努めることが求められます。法の第22条に基づく「いじめの防止等の対策のための組織」を母体として，当該重大事態の性質に応じて適切な専門家を加えるなどの方法も考えられます。

② 調査組織で，事実関係を明確にするための調査を実施

いじめ行為の事実関係を，可能な限り網羅的に明確にします。この際，因果関係の特定を急ぐべきではなく，客観的な事実関係を速やかに調査することが求められます。

たとえ調査主体に不都合なことがあったとしても，事実にしっかりと向き合おうとする姿勢が何より重要です。

③ いじめを受けた児童生徒とその保護者に対しての情報提供

調査により明らかになった事実関係について，情報を適切に提供します（適時・適切な方法で，経過報告があることが望ましい）。関係者の個人情報に十分配慮します。ただし，個人情報保護を盾に説明を怠るようなことがあってはなりません。

なお，アンケート実施の事前の留意点として，得られたアンケートは，いじめられた児童生徒や保護者に提供する場合があることを念頭におき，調査に先立ち，その旨を調査対象の在校生や保護者に説明する等の措置が必要になります。

④ 調査結果を学校の設置者に報告

調査結果を学校の設置者に報告します（設置者から地方公共団体の長等に報告）。

いじめを受けた児童生徒またはその保護者が希望する場合には，いじめを受けた児童生徒またはその保護者の所見をまとめた文書の提供を受け，調査結果に添えます。

(3) いじめ対応の基本的留意事項

前述の(1), (2), いずれの場合においても, 学校におけるいじめに対する以下の六つの措置は押さえておくことが重要です。

① 教職員や保護者などは, 児童生徒からの相談を受け, いじめの事実があると思われるときは, 児童生徒が在籍する学校へ通報その他の適切な措置をとる。

② 学校は, 通報を受けたときや, 学校に在籍する児童生徒がいじめを受けていると思われるときは, 速やかに, いじめの事実の有無を確認し, その結果を当該学校の設置者に報告する。

③ いじめがあったことが確認された場合は, いじめをやめさせ, その再発を防止するため, いじめを受けた児童生徒・保護者への支援や, いじめを行った児童生徒への指導またはその保護者への助言を継続的に行う。

④ 必要な場合は, いじめを行った児童生徒を別室で学習させる等, いじめを受けた児童生徒が安心して教育を受けられるようにする。

⑤ いじめの事案に係る情報を, いじめを受けた児童生徒の保護者やいじめを行った児童生徒の保護者と共有するための措置などを行う。

⑥ いじめが犯罪行為として取り扱われるべきものであると認めるときは所轄警察署と連携して対処し, 児童生徒の生命, 身体または財産に重大な損害が生じるおそれがあるときはただちに所轄警察署に通報し, 適切に援助を求める。

4 重大事態についての事例検討会（研修会）

(1) 事例検討会で対処法を探る

重大事態が発生する前に, 教職員が, 以下のような事例検討会（研修会）を通して, 事前にいじめ対処の方途を探ることが大切です。

○研修会のねらい――重大事案と判断されるかもしれない, いじめの相談があったとき, 教職員はどう動けばいいのかについて, 研修を通して理解する。

○初動内容――初動の対応者は, 担任, 学年主任, 生徒指導担当, 管理職等に相談内容を報告し, 対応方針を組織としての対処法を決定し, 関係者が十分共通理解したうえで連携して対処する。

○ポイント――重大事案だと判断された場合は, 学校設置者や警察等関係機関に報告し, 連携して対応する。

(2) 部活動におけるいじめ事例と検討課題

事前検討会で扱った重大事態の事例を紹介し, 検討課題, 対処法をみていきます。

部活動におけるいじめ事例（概要）

　夏休み明け，野球部の2年生の生徒Aが，野球部顧問のB先生に「相談に乗ってほしい」と言ってきた。話を聞くと，1年生の生徒Cに対して7月ごろから3年生の数名が殴ったり蹴ったりしている。先日は，ゲームセンターで高額の支払いを強要したり，生徒C個人所有のグローブを切り裂いたりしていたとのことだった。生徒Aは，「いけないことだと思いながら，加害者が上級生なので制止はできなかった。生徒Cがかわいそうに思い，思い切って相談した」ということであった。

○**研修会検討課題**

・相談を受けた野球部顧問はどう動けばいいのか。

・「暴力や恐喝を伴ういじめ」の事実が確認できたときの留意点は何か。

・保護者，関係機関との連携のとり方はどう進めるか。

○**対応および対応する教職員**

・生徒Cへの聞き取り・事実確認——担任・生徒指導担当・野球部顧問等

・1，2年野球部員への聞き取り・事実確認——生徒指導担当・野球部顧問等

・聞き取り結果についての協議——関係教職員（組織）

・3年加害生徒への聞き取り・事実確認——生徒指導担当・野球部顧問等

・生徒Cの保護者への説明——担任・生徒指導担当・野球部顧問等

・3年加害生徒への指導——担任・生徒指導担当・野球部顧問等

・3年加害生徒の保護者への説明——担任・生徒指導担当・野球部顧問等

　重大事態については，いじめが早期に解決しなかったことにより，被害が深刻化した結果であるケースが多いものです。この点に十分留意する必要があります。したがって，「疑い」が生じてもなお，学校が速やかに対応しなければ，いじめの行為がエスカレートし，被害が深刻化する可能性があることを忘れてはなりません。学校の設置者および学校は，重大事態への対応の重要性を改めて認識することが何より重要なのです。

〔引用参考文献〕

(1) 文部科学省「いじめの重大事態の調査に関するガイドライン」2017
(2) 文部科学省「いじめ防止等のための基本的な方針」2017
(3) 「いじめ防止対策推進法」平成25年法律第71号
(4) 国立教育政策研究所生徒指導・進路指導研究センター「生徒指導リーフ増刊号「いじめのない学校づくり—『学校いじめ防止基本方針』策定Q＆A—」第1097号，2013
(5) 国立教育政策研究所生徒指導研究センター「いじめに関する校内研修ツール」

> **コラム1**
>
> # 法律からとらえるいじめ被害
>
> 安本　直（滝川第二中学校・高等学校校長）

　児童生徒の基本的人権や学習権は，憲法や児童憲章，教育基本法等によって保障されています。いじめがこれらの権利を侵害していることは明白ですが，法律は，いじめに対してどのように対処できるかをみていきます。

1　いじめの定義といじめ防止対策推進法

⑴　いじめ防止対策推進法によるいじめの定義

　平成23年に起こった中学生いじめ自殺事件を契機として，平成25年に「いじめ防止対策推進法」（以下，法という）が制定されました。いじめの定義については，法第2条で述べられています。

　平成17年までは，「児童生徒の問題行動等生徒指導上の諸問題に関する調査」における，『「いじめ」とは，「①自分より弱い者に対して一方的に，②身体的・心理的な攻撃を継続的に加え，③相手が深刻な苦痛を感じているもの。」なお，起こった場所は学校の内外を問わない』という定義が使われていました。すなわち，強い者（いじめっ子）が弱い者（いじめられっ子）を一方的に攻撃し，その関係は固定されているという図式でした。

　しかし，いじめの実態をみると，いじめっ子といじめられっ子の立場は容易に入れかわる可能性があります。言いかえれば「いじめ」はだれにも起こりうるという認識に立って，とらえ直す必要があるということです。

　そこで，平成18年度からは，「一方的に」「継続的に」「深刻な」といった文言が定義から削除され，「いじめられた児童生徒の立場に立って」「一定の人間関係のある者」「攻撃」等について，注釈が追加されました。「いじめ防止対策推進法」における現在の定義は，この流れを踏襲したうえで，ネット上のいじめも含めた，より実態に近い定義となっています。

平成18年以降のいじめの定義（文部科学省）

　本調査において個々の行為が「いじめ」に当たるか否かの判断は，表面的・形式的に行うことなく，いじめられた児童生徒の立場に立って行うものとする。
　「いじめ」とは，「当該児童生徒が，一定の人間関係のある者から，心理的，物理的な攻撃を受けたことにより，精神的な苦痛を感じているもの。」とする。
　なお，起こった場所は学校の内外を問わない。

(注1)「いじめられた児童生徒の立場に立って」とは，いじめられたとする児童生徒の気持ちを重視することである。
(注2)「一定の人間関係のある者」とは，学校の内外を問わず，例えば，同じ学校・学級や部活動の者，当該児童生徒が関わっている仲間や集団（グループ）など，当該児童生徒と何らかの人間関係のある者を指す。
(注3)「攻撃」とは，「仲間はずれ」や「集団による無視」など直接的にかかわるものではないが，心理的な圧迫などで相手に苦痛を与えるものも含む。
(注4)「物理的な攻撃」とは，身体的な攻撃のほか，金品をたかられたり，ものを隠されたりすることなどを意味する。
(注5) けんか等を除く。

　いじめ防止対策推進法の施行に伴い，平成25年度から以下のとおり定義されている。
(定義) 第2条　この法律において「いじめ」とは，「児童等に対して，当該児童等が在籍する学校に在籍している等当該児童等と一定の人的関係にある他の児童等が行う心理的又は物理的な影響を与える行為（インターネットを通じて行われるものを含む。）であって，当該行為の対象となった児童等が心身の苦痛を感じているものをいう」
※この法律において児童等とは，学校に在籍する児童又は生徒をいう。

　「いじめ」の中には，犯罪行為として取り扱われるべきと認められ，早期に警察に相談することが重要なものや，児童生徒の生命，身体又は財産に重大な被害が生じるような，ただちに警察に通報することが必要なものが含まれる。これらについては，教育的な配慮や被害者の意向への配慮のうえで，早期に警察に相談・通報のうえ，警察と連携した対応を取ることが必要である。

(2) いじめの防止基本方針等といじめの防止等に関する措置

　「いじめ防止対策推進法」第13条では，学校は，国や地方公共団体の定めた方針を参酌して，いじめの防止等のための対策に関する基本的な方針を策定することが義務づけられました。
　法第15, 16, 19条では，学校の設置者および学校が講ずべき基本的施策として，①道徳教育等の充実，②早期発見のための措置，③相談体制の整備，④インターネットを通じて行われるいじめに対する対策の推進を定めています。また，法第22条では，学校は，いじめの防止等の

対策のための組織を置くことが定められています。さらに，法第23〜26条において，いじめの通報を受けたとき，学校は，①いじめの事実確認，②いじめを受けた児童生徒またはその保護者に対する支援，③いじめを行った児童生徒またはその保護者に対する助言を講ずるべきと定め，所轄警察署との連携とともに懲戒，出席停止制度の適切な運用等についても定めています。

(3) 重大事態への対処

法第28条では，いじめにより児童等の生命，心身または財産に重大な被害が生じた疑いがある，あるいは児童等が相当の期間学校を欠席することを余儀なくされている疑いがあると認めるときを「重大事態」として，その事態に対処し，同種の事態の発生の防止に資するため，速やかに組織を設け，事実関係を明確にする調査を行うこと，その調査結果やその他必要な情報を，いじめを受けた児童等や保護者に提供することとしています。

このように，いじめ防止の取り組みと事態発生時の対応について，学校や教師の役割と責任が法律（いじめ防止対策推進法）に明示されたのです。

2 出席停止・懲戒について

学校は，いじめる児童生徒に対して，いじめは絶対に許されない行為であることや卑怯で恥ずべき行為であることを認識させるよう，毅然とした対応と粘り強い指導を行う必要があります。しかし，学校がこのような指導を継続してもいじめを繰り返す児童生徒がいて，正常な教育環境を回復するため必要と認める場合には，市町村教育委員会は，出席停止制度の措置を採ることをためらわずに検討する必要があります。

出席停止は，懲戒行為ではなく，学校の秩序を維持し，他の児童生徒の教育を受ける権利を保障するためにとられる措置です。学校教育法第35条（49条で中学校に準用）は，「他の児童に傷害，心身の苦痛又は財産上の損失を与える行為」「職員に障害又は心身の苦痛を与える行為」等を繰り返し，他の児童の教育に妨げがあると認められるときは，市町村の教育委員会は，その保護者に対して，児童の出席停止を命ずることができる」と定めています。ただし，出席停止を命じている期間，学校は，学級担任等が定期的に家庭訪問して学習の補完をしたり，課題を与えたりする等，出席停止解除後に当該児童生徒が学校へ円滑に復帰するための配慮をする必要があります。

また，学校教育法第11条において，「校長及び教員は，教育上必要があると認めるときは，児童，生徒及び学生に懲戒を加えることができる」とされており，学校教育法施行規則第26条では，「懲戒を加えるに当っては，児童等の心身の発達に応ずる等教育上必要な配慮をしなければならない」としたうえで，「懲戒のうち，退学，停学及び訓告の処分は，校長が行う」と定めています（ただし，退学および停学は学齢児童または学齢生徒に対しては，行うことができません）。

3 警察との連携等について

　校内で起こった問題行動について、学校はまず校内における調査や指導により解決を図ろうと努力することになりますが、犯罪行為の可能性が高い問題行動となると、校内だけでは処理しきれるものではなく、被害児童生徒を徹底して守り通すという観点から、警察と連携・協力した対応が求められるようになります。個々のいじめ事案が、「犯罪行為として取り扱われるべきと認められるもの」に当たるか否かについては慎重な判断を要しますが、いじめの行為は、次のような刑罰法規に抵触する可能性があること、あるいは不法行為に該当し損害賠償責任が発生しうることを踏まえておく必要があります。

刑罰法規に抵触する可能性があるいじめ行為

- 暴行（刑法第208条）——例：殴る，蹴る。プロレスと称して技をかける，投げる。
- 傷害（刑法第204条）——例：顔面を殴ってアゴを骨折させる。
- 強制わいせつ（刑法第176条）——例：脱衣を強要する，性器を露出させる。
- 脅迫（刑法第222条）——例：「学校に来たら危害を加える」などとおどす。
- 強要（刑法第223条）——例：使い走りをさせる，汚物や昆虫を食べさせる，いじめられている者同士でけんかさせる。
- 恐喝（刑法第249条）——例：おどかして現金を巻き上げる，無理矢理おごらせる。
- 強盗（刑法第236条）——例：暴行または脅迫して現金を奪う。
- 窃盗（刑法第235条）——例：（被害者の）教科書等を盗む。
- 器物損壊（刑法第261条）——例：（被害者の）教科書やノートに落書きする，教科書等を隠す・捨てる，故意に自転車を壊す。
- 名誉毀損（刑法第230条）——例：校内や地域の壁に実名をあげて，「万引きをしていた」などと書く（万引きが事実かどうかは無関係）。
- 侮辱（刑法第231条）——「キモい」「ウザい」など悪口を書く。

　このほか、スマートフォン等で児童生徒の性器の写真を撮り、インターネット上のサイトに掲載する行為は児童ポルノ提供（児童買春、児童ポルノに係る行為等の規制及び処罰並びに児童の保護等に関する法律第7条）に抵触し、いじめがエスカレートして「屋上から飛びおりろ」などと自殺に仕向けることは刑法第202条の自殺教唆にあたると考えられます。学校としては、そのような場合の対応の仕方について日ごろから保護者に周知し、理解を得ておく必要があります。

〔引用参考文献〕
(1)　「いじめ防止対策推進法」平成25年法律第71号
(2)　文部科学省「平成29年度児童生徒の問題行動・不登校等生徒指導上の諸課題に関する調査結果について」文部科学省「早期に警察へ相談・通報すべきいじめ事案について（通知）」平成25年5月16日

❺ いじめによる自殺を防ぐために
――自殺予防の実態とSGEを生かした自殺予防プログラム――

阪中順子（加古川市教育委員会学校支援カウンセラー）

1　いじめと自殺の実態

　小中高等学校の児童生徒の自殺者数は，2018年（平成30年）では369人にのぼり，過去30年で最も多くなっています（※1）。自殺の原因・動機について，平成19〜26年の8年間に，特定できた者の割合は69.6%です。その内訳をみると，入試・進路に関する悩み19.8%，学業不振13.9%，うつ病13.2%，家庭不和11.4%，家族からのしつけ・叱責8.0%，学友との不和（いじめを除く）が8.4%で，いじめは2.5%となっています（※2）。

　このように，子どもの自殺の原因としていじめが認められるケースは全体からみると多くはありませんが，人格を否定され，孤立を強いられ，自己肯定感を失わされるいじめによって，「自殺」という二文字が頭をよぎる子どもたちは少なくないでしょう。暴力を伴ういじめはもちろんのこと，「仲間はずしや無視」といった一見些細にも思われるいじめが，子どもの自殺にもつながりかねないという認識をしっかりともつ必要があります。

　いじめによる自殺を防ぐためには，まず，いじめと自殺との関連について問い直し，教員一人一人がいじめや自殺に関する正しい理解をもつことが大切です。

　なお，過去10年間のいじめ認知件数と自殺率をみると，小中学生よりもいじめの件数が少ない高校生のほうが自殺率は高くなっています。いじめの撲滅をめざすことはもちろんですが，「それまで山積している数々の問題を深く探っていく姿勢がなければ，自殺に追い込まれた心理の解明も，その予防もできない」（高橋，2008）という指摘に耳を傾ける必要があるでしょう。

　数字的には，いじめを受けた子どもたち（41.4万人：文科省2018年）のほとんどが自ら命を絶たずにすんでいます。その保護因子を探ることによって，子どもの自殺予防のためのヒントが得られると考えます。キングら（2016）は，内的保護因子として「ストレスへの対処能力，不満耐性」，外的保護因子として「子どもへの責任感，肯定的な治療関係，社会的サポート」をあげ，松本（2016）は「学校や両親との良好な関係が，いじめ被害が自殺へと発展することを抑止する保護要因として機能する」と指摘しています。

2 いじめが自殺につながるプロセス

いじめを受けている子どもが，自殺をするかしないかを分けるものは何なのでしょうか。ジョイナー（2007）は，①所属感の減衰（安心感がなく必要とされない，居場所がない）と，②負担感（自分なんかいないほうがみんな幸せになる，自分は人の迷惑になっている）が重なると，自殺念慮が起こると指摘しています。そこから実際に自殺という行動に移るには，準備状態がいるといいます。この準備状態をジョイナーは「獲得された自殺潜在能力」と呼び，身体の痛みへの抵抗感の低下や慣れ（具体例として，自殺企図，自傷行為，過食等の摂食障害，暴力被害・加害等）をあげています。いじめは，さまざまな形で，自殺潜在能力，所属感，負担感に影響を与えると考えられます。

子どもの自殺を考えるとき，その死生観の特徴も影響していると思われます。日本のさまざまな調査から，「死んだ人は生き返る」と思っている子どもが1割程度いることが報告されています（兵庫生と死を考える会，2006）。また，「思春期に強いストレスを受けた場合，死の不可逆性の揺らぎがいつでも起こる可能性がある」と指摘している海外の研究者もいます（Pfeffer 1986）。いじめられているという現実が強いストレスを引き起こし，ときに，死の不可逆性を揺るがせ，自殺へと向かわせてしまうのかもしれません。

3 いじめと自殺の危険が高まった子どもたち

(1) 自己肯定感といじめ・自殺の関係

「不安や悩みがあるとき，どんな行動をとるか」というアンケートでは，自己肯定感の高い中学生が「死にたい気分になる」を選択している割合は6.9％ですが，自己肯定感の低い中学生は39.3％にも及ぶと報告されています（深谷昌志，2001）。ま

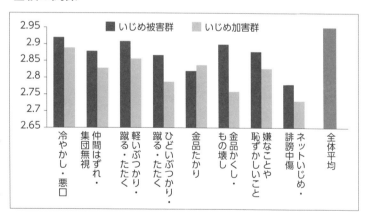

図1　いじめ被害・加害群の自尊感情得点 (伊藤美奈子，2015)

た，いじめの被害者は全体平均よりも自尊感情が低く，いじめの加害者は，それ以上に自尊感情が低いという調査結果（伊藤，2015）もあります（図1）。

「10代の自殺の前兆として，抑うつと反社会的な行動」があげられるというWHOの指摘（2000）には耳を傾けるべきでしょう。攻撃性が出ている子ども（いじめる側）も，自

殺念慮をもつ可能性があるということです。自殺予防において，いじめの加害者・被害者双方に，自己肯定感や自尊感情を高める取り組みが必要なことがわかります。

(2) ハイリスクな子どもへの対応

自殺問題は，「本人といちばん関係をもちやすい人がケアをするのが原則」であり，「専門家といえども一人で抱えることができない」といわれています。まず大切なのは，自殺念慮を抱いた子どもに対して職員間で共通理解をもつことです。スクールカウンセラーなども入るケース会議をもち，学業不振，性格傾向，衝動性，家庭の状況等，さまざまな危険因子を検討し，その具体的対応策を探ることが支援につながります。

ハイリスクな子どもへの対応は，TALKの原則に従うことになります。心配していることを伝え（Tell），「消えてしまいたい」という気持ちを避けずに尋ね（Ask），気持ちを受け取るように話を聴き（Listen），安全を確保する（Keep Safe）ことが基本です。「命を大切にしなさい」「リストカットは絶対ダメ」といった正論を言うことは，子どもの態度をさらに硬化させるだけでなく，援助を求める気持ちを低下させてしまいます。頭ではわかっていてもそうできない，もどかしさや苦しさを理解しようとする姿勢が求められます。

4　SGEを生かした自殺予防プログラム

2016年4月に自殺対策基本法の一部が改正され，危機にある子どもたちへの支援とともに，自殺予防教育に努めることが学校に求められています。

(1) 自殺予防プログラムの全体像

図2のように，自殺予防教育の柱は，心の危機理解（心の危機に気づく）と，援助希求（だれかに相談する）です。子ども自身が自分や友達の心の危機に気づき，援助を求められるような学び合いを模索し，「きょうしつ」（気づき，寄り添い，受けとめて，信頼できる大人に伝える）を身につけること。これが核となる授業の目標です。また，下地づくり

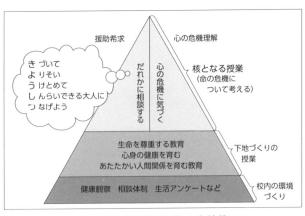

図2　自殺予防教育の全体像

の授業を効果的に進めるうえで，SGEの考え方や技法が果たす役割は大きいと考えます。

(2) SGEを生かしたグループワークの実践

授業構成は，1限目「命の危機を乗り越えるために」：①命の危機（うつ状態・自殺）のサインを知る。②心身が不調なときの対応を考える。2限目「命の危機を支え合うため

に」：①援助希求の重要性について体験的に学ぶ。②「きようしつ」というキャッチフレーズを実践できるようにする。③身近で支えてくれるところ（援助機関）を知るです。

① 導入としてのペアワーク——2人組で，「私の幸せ（プチハッピー）は○○しているときです。あなたのプチハッピーは何ですか？」と，人によって異なる小さな幸せを収集します。身近にある小さな幸せに気づくことをめざします。

② 心のSOSについてのブレインストーミング——「命は大切だとわかっているにもかかわらず，自らや周りの人を傷つけるのはなぜか」「心の危機への対処法」等について，ブレインストーミングで考えやアイデアを出し合い（3〜4人組），友達相互のやりとりを通じて拡散的思考を促進します。意見を数多く出せるように，ゲーム感覚で周りの評価を恐れずに意見を言い合えるように配慮します。

③ 心の危機への対応ロールプレイ——危機にある友達への対応について，ロールプレイ（2人組）を通じて体験的に考えさせます。役になりきるように促しながら，「止める」「励ます」「感情を理解する（傾聴）」の3パターンを経験します。

終了後の感想：「話を聞いてもらうだけで，こんなに楽になるとは思わなかった。相談を受けたときの自分の言動で人の命を左右することもあるんだなと思いました」等。

いじめの被害に遭ったり，心の危機に陥ったりしたときに，「心配はかけまい」「恥ずかしい」と，そのことを自分の心の奥底に閉じ込めてしまうのではなく，自己開示すること。手遅れになる前に援助を求めることが「当然の行動」であることを実感する学びが求められています。子どもたちが発するSOSを，学校をはじめ，家庭，地域の大人たちがどのように受け止め，かかわっていくかが問われているといえるでしょう。

〔引用参考文献〕

※1 厚生労働省社会・援護局総務課自殺対策推進室・警察庁生活安全局生活安全企画課「平成30年中における自殺の状況」
※2 厚生労働省『平成27年度版自殺対策白書』，平成19〜26年までの警察庁『自殺者数の統計』「職業別自殺者数」「職業別，原因・動機別自殺者数」にもとづき，小中高校生のデータを筆者が集計。
(1) 文部科学省「平成29年度児童生徒の問題行動・不登校等生徒指導上の諸課題に関する調査結果について」
(2) 阪中順子『学校現場から発信する子どもの自殺予防ガイドブック』金剛出版，2015
(3) 高橋祥友編著 新井肇,菊地まり,阪中順子『新訂増補 青少年のための自殺予防マニュアル』金剛出版，2008
(4) シェリル・A・キングら著，高橋祥友監訳『十代の自殺の危険』金剛出版，2016
(5) 松本俊彦「いじめはいつ自殺に転じるのか」『臨床心理学』Vol.96，2016
(6) Pfeffer,R.C. (1986) The Suicidal Child. The Guilford Press.（高橋祥友訳『死に急ぐ子供たち』中央洋書出版部，1990）
(7) World Health Organization (2000) Preventing suicide:a resource for teachers and other school staff"（河西千秋,平安良雄監訳『自殺予防 教師と学校関係者のための手引き』横浜市立大学医学部精神医学教室，2007）

> コラム2
> # 「命の大切さ」を実感させる教育へのSGE活用

住本克彦（新見公立大学教授）

　私が作成にかかわった「『命の大切さ』を実感させる教育の提言」（兵庫県教育委員会，2009）では，本教育プログラムの視点として，次の5点をあげています。①自尊感情を育む，②体験活動を充実させる，③情報社会の影の部分に対応する，④命を守るための知恵と態度を育成する，⑤教師自身が命の意味を問いかける。なお，本提言では，人間関係づくりや自尊感情を高める手だてとしてSGEの活用を提唱しています。

1 自尊感情を育む

　自尊感情の要素は，自己効力感，自己有能感，自己有用感の三つです。自尊感情の向上は「命の教育」の重要な柱です。兵庫県教育委員会が実施した「児童生徒の理解に基づく指導の推進に関するアンケート調査」では，「自分や他者のよさを認めることができる子どもほど，他者から認められる体験をしている」という結果が得られています。互いに認め合える集団ではいじめが起こりにくくなります。

　日常から，SGEのさまざまなエクササイズを通して，自尊感情を高めることが大切です。それには，SGEの「いいとこ探し」関連のエクササイズを重ねることが効果的です。他者から認められないときでも，自分自身を肯定し，あるがままの自己を受容できる強さを培う側面も必要です。SGEでは，各自が自分の肯定的な面を表明する「私は私が好きです。なぜならば……」や，自己主張できることを気づかせる「私の言いたいこと」などがあります。

2 体験活動を充実させる

　命の大切さを実感する感性，自他の人権を守ろうとする意思は，自他の感情に思いをはせることができる直接体験によって育まれます。それらを育むには，子どもたちの感性や想像力に働きかける体験活動の場，つまりSGEの実践の場を効果的に設定することが大切です。

　SGEを通してのホンネの交流ができる仲間との一体感の実感は，いっそう仲間とのつながりを深めていきます。こうした魂に響くようなSGE体験を積み重ねることによって，子どもたちは「命」の大切さの実感を深め，いじめを許さない人権意識を研ぎすましていくのです。

3 情報社会の影の部分に対応する

　情報社会では，人間関係の幅を広げることができる半面，行き過ぎた感情の放出が多くみら

れ，有害情報にふれる機会も増加しました。現実の出来事を仮想現実のゲーム感覚でとらえてしまう危険性も指摘されています。このような情報社会の影の部分への対応として，子どもたちに現実と仮想現実との違いを認識させ，必要な情報を適切に活用できる力や，情報社会で必要なモラル・マナーを身につけさせることが強く求められています。さらに，SGE体験を通して，自分の気持ちを直接相手に伝える力，相手の言動から気持ちをくみとる力を養い，現実世界での人とのつながりの大切さを子どもたちに理解させることが必要なのです。

ネットいじめ問題も深刻です。現在，私は，「考えよう『ネットいじめ』」というテーマで，SGEを活用し，情報モラル向上をねらいとした実践を進めたいと考えています。

4 命を守るための知恵と態度を育成する

いじめや暴力，虐待，DVなど，子どもたちの命をおびやかす行為に対して，子どもたち自身で未然に防いだり，対処したりする方法を考え，実行する力を身につけさせる必要があります。自然災害に対しても，被害を最小限にくいとめる知恵や態度を学ばせることが大切です。

命をおびやかす行為に対しては，それを避けるだけではなく，毅然と立ち向かい克服していこうとする態度を養い，そのことを通して，子どもたちがかけがえのない命を実感し，自他の命を守っていこうとする態度を育てる必要があります。これらは，例えば，他者の被害を自分事としてとらえる活動や，自己防衛，中立を保つ，守秘義務の徹底などを目的にしたSGEの実践を通した，ホンネとホンネの交流の中で学びを進めさせたいものです。

5 教師自身が命の意味を問いかける

命の大切さを実感させるために大切になるのは，以下のような教師自身のありようです。

○**「命」に真摯に向き合う姿勢をもつ**──教師自身も「いま，ここ」に与えられている命を生きていることを認識し，しなやかな感性，豊かな想像力を身につけておくこと。命に真正面から真摯に向き合う姿勢や態度を子どもたちに見せていくことです。

○**子どもたちと共に考え学ぶ姿勢をもつ**──SGE体験を通して，子どもたちがふれあいのある人間関係を実感し，新たな発見・気づきを得るためには，教師自身が子どもたちの心に寄り添い，その目が輝くよう働きかけることです。その際には，知識として理屈で教えこもうとするのではなく，子どもたちと共に考え共に学ぶ姿勢を教師自身がもつことが大切です。

○**深い自己開示をためらわない**──教師自身が，自分自身の命，自分自身の人生との向き合い方をふりかえり，その内容についてSGE体験を通して，自己開示し，子どもたちと正面から向き合うことが大切です。教師による自分にしか語れない深い自己開示によって，子どもたち自身も真剣に，自分自身の命と人生に向き合うことができるのです（20ページ参照）。

〔引用参考文献〕
(1) 兵庫県教育委員会「『命の大切さ』を実感させる教育への提言」2007
(2) 梶田叡一『〈いのち〉の教育のために』金子書房，2018

❻ ケースメソッドを用いたいじめ対処の教員研修
──対話の経験を通して「見立てる力」の向上を──

渡邉　彩（新潟中央短期大学講師）

1　教員研修で学校組織活性化＆教職員の職能開発

「いじめ防止対策推進法」第13条では，国・地方公共団体の策定した「いじめ防止基本方針」を受けて各学校が「学校いじめ基本方針」を定めることとされ，同法第22条では，いじめ防止の措置を実行的に行うため，組織的な対応の中核となる常設の組織を置くことが義務づけられました。

しかしその後も，「担任はいじめに気づいていたが，校内組織が機能せず深刻化した」「アンケートが定期的に行われ，生徒も気づいていたが，いじめを止められなかった」等の事案・事件が生じています。ここからみえてくるのは，基本方針を定めて組織をつくるだけでは，いじめ対応機能を学校が果たすことはむずかしいという事実です。

この状況を打開するために各学校に問われているのは，①校内組織の活性化の方法，②各教職員のいじめへの認識・対応技術の高め方の2点です。本章では，研修を「学校組織の活性化と教職員の職能開発を同時に行う時間・場」と位置づけ，ケースメソッドを用いたいじめ対処に関する教員研修の方法について，具体的な手順・留意点をみていきます。

2　「見立てる力」を身につける研修を

(1) いじめを予防する基盤づくり

いじめが深刻な状態になるか否かは，子どもたちの個性，学級の人間関係，教職員の人間関係・力量・経験値，学校組織の状態といった複数の要因が関連します。

第1に，子どもが学級内で安心・安全を感じ，友好的な雰囲気に包まれて生活するためには，子どもたちと教職員との間に信頼関係が築かれていること，かつ「ふれあいのあるクラス文化」が日常的に醸成されていることが不可欠です。また，いじめに限らず子どもたちの変化を早期発見するには，ストレス調査や個別の教育相談等を通して教職員が子どもたちのサインをつかみ，さらに，校内研修会やSGEの研修会を重ねることが効果的です。

(2) 複眼的・重層的に「見立てる力」とは

いじめの兆候がみられた際，学校全体でのいじめ対応として，教職員がどのように指

導・支援を進めるのかを複眼・重層的に「見立てる力」をつけることも，非常に重要です。
　「見立て」は，精神医学の中で土居（1969）によって提唱された概念で，「患者の症状を正しく把握し，患者と環境の相互関係を理解し，どの程度まで病気が生活の支障となっているかを読み取ること」とされます。この概念は現在ではカウンセリング，心理支援でも用いられており，見立ての概念について鈴木（2012）は，「どのように問題を理解し，その解決のためにどのように支援し，どのようになっていくか，などについてのアセスメント，見通し，目標を含むもの」と説明しています。
　また，学校現場における見立てに関して山本ら（2003）は，「だれが診断や見立てを行うのか，その主体の違いによって，その内容は異なる」とする「複眼の見立て」と，「その子が所属する学級風土や仲間関係，学校や地域の特性なども含めたケース理解が必要となる」とする「重層的な見立て」に二つの見立てがあることを説明したうえで，この二つの見立ての観点から問題に対応していくことの重要性を述べています。この見立てる力は，教育実践の場面で，教職員が数々の課題に対応することを通して経験的に身につける力です。逆にいえば，いじめ対応経験が少ない教職員にとって，実際にいじめの兆候がみられたときに，複眼・重層的な見立てをもって対応することはきわめてむずかしいといえます。
　しかし，いじめを早期発見し適切に対処するには，全教職員が一定程度の「見立てる力」を身につけることが必須条件です。研修主催者には，教職員が見立てる力を実践的・具体的に学習できる機会・場を提供していくことが求められます。教職員が具体的に支援チームとしてどのように動くのか，いじめ被害者と加害者，その他の子どもたち，保護者や他の教職員とのかかわりを，時間的経過も含め多角的に考えていく時間・場を設けることが重要となります。

3　いじめ対応研修に，なぜケースメソッドなのか

　ケースメソッドとは，教師が講義をして教えるのではなく，事例教材をもとに学習者間で対話を進めさせ，過程を通して学ばせる教授法です。現在ではいくつかの大学が，スクールリーダーに組織運営力を訓練する方法として導入し，成果をあげています。
　この教授法には，学習者が実際に生じた問題・課題を疑似的に体験し，組織的な対応の展望をもつための学習過程が設けられています。そのため，経験が少ない教職員も，疑似的体験を通して，問題解決への構えをもつことができます。
　学校内に生じる課題の中でも，特にいじめは「早期発見・早期対応」が求められる事項です。しかし，早期対応を過度に重視して，学級担任が独断で対応することのリスクは大きいものです。早期発見・早期対応を重視しながらも，「学級担任としての個人の役割」と「学校組織内でのチームの一員としての役割」の両視点をあわせもちながら対応してい

くことが，学級担任には求められるのです。
　この「二つの役割の視点」をもつためには，正しい対応方法を知るだけでは不十分です。疑似的に体験することを通して，学級担任としての自分が，当事者の子どもとその他の子どもたち，保護者，他の学級担任，学年主任，管理職，外部機関の職員といった人間関係の中で「実際にどのように立ち振る舞うのか」をイメージし，理屈だけでなく，感覚的にも自らをふりかえる機会が重要となります。
　また，いじめを早期に発見して，より適切・妥当な対応方法を選ぶにあたり，教職員には，課題となる対象を多角的・重層的に理解したうえで，優先順位・順序を選択・判断し，適切なアプローチ先を選択・判断していく力量が求められます。こうした具体的な体験，そして，実際の対応に必要となる「理解力・判断力」を養うために，ケースメソッドは有効です。その理由として，次の五つをあげることができます。

① 特定の子どもの心理・行動的な特徴だけでなく，友人関係・親子関係・養育過程・教職員間の人間関係・学級のこれまでの状況も含めて理解することができる。
② 登場人物の行動に対する，各学習者の感じ方の違いを理解することができる。
③ 子ども・保護者・教員の立場や気持ちを，推察して理解することができる。
④ 学級担任と子どもとの個的な関係性に着目することができる。
⑤ 解決志向的な観点および予防的な観点から，具体的方策を考えることができる。

4　ケースメソッドを用いた研修 ──実施の手順・留意点──

手順1 ──コンセプトマップを描く

　まず，各教職員が「いじめ」という言葉から連想される人物・印象・出来事・関係者・関係機関・問題点といった事柄をできるだけ多く書き出します。これを相互に見せ合い，書き出したコンセプトマップの共通点・差異点を見比べ，感想を伝え合います。
　この過程を通して，いじめという鍵概念の広がり，傾向には教職員各々の関心・専門領域・経験が反映されていること，同じ事象について語っているつもりでも人によって多様なとらえが前提にあることを確認し合うことができます。この活動は，研修を円滑に進めるための，場の雰囲気を柔らかくする「アイスブレイク」の役割も果たします。

手順2 ──講義（事例，対応方法，法律，理論）を聞く

　次に，全国・各都道府県・各市町村・各学区・学校全体でのいじめの現状・事例，各関係機関のこれまでの対応，いじめ防止対策推進法の制定趣旨と概要，いじめに関する理論についての講義を聞き，基本的に確認しておくべき情報を共有します。

手順3 ──不適切な対処事例から対処方法を考える

　いじめに不適切に対処した事例（下記参照）を全員で読み，概要を確認します。

いじめへの不適切な対処例 (引用参考文献(7)を参照して筆者作成)

> 小学校5年生のA子の母から学級担任（新卒3年目・20代）に電話相談があった。
> A子の最近の様子がおかしいため本人から話を聞いたところ，「女子グループの中で，シカト（無視）といったいじめがある」とわかり，心配である，というものだった。
> 担任は，以前にも学級内で他児童が同様の状況になったが，すぐもとに戻ったため，今回も戻るかもしれないと思っていたところに，A子の母親から電話がきたのである。担任は，主任に電話の内容を伝えた後，休み時間にA子を個別に呼び出して面談を実施した。

次に，各自が，事例の中で問題だと思った事柄をワークシートに記入します。その後，3～4人に分かれ，各自が問題点として記入した事項を発表し合い，A3用紙か模造紙に書き出していきます。この際，様式は自由で，整った形で書き写す必要はありません。書き出しながら気づいたこと，話し合うなかで新たに気づいたことを書き加えます。

グループでの話し合いの様子

その後，各グループの代表者は，話し合いで出た問題点を全体に発表します。全体の進行役は，発表を聞き取りながら，「どのような観点からの問題点があるのか」「関連する事項は何か」を整理しながら板書し，問題点を全体で共有します。必要に応じて，登場人物のイラスト・人間関係図，課題発生から対応までの時系列の図も書き加えます。

手順4 ── 対処方法をグループ内で話し合う

次に，指導者が，「今後起こりうる状況をさまざまな角度から想定したうえで，担任は今後どう対応したらよいでしょう？」という問いを全体に投げかけます。各グループ内で話し合いを進め，その過程・内容をA3用紙か模造紙に書き出します（書き方は自由）。その後，ある程度いじめへの対処方法が出きったところで，グループ内での話し合いを深めるために，「担任が具体的に対応したり，働きかけたりする相手はだれでしょう？」「対応する優先順位は？」「なぜ，その対応手順になるのでしょう？」といった問いを指導者が全体に投げかけ，各グループで話し合いを深めるように促します。

また，この活動に続く全体発表に向けて，A3用紙・模造紙の記述を，視覚的に見やすくなるように工夫してほしい旨を教職員に伝えます。この過程を経ることにより，各グループ内で，優先事項やわかりやすく伝えるための順序等が深められていきます。

手順5 ── グループ内で出た解決策・対応策を全体共有

次に，各グループ内の対話から出た解決策・対応策を，各グループ3～5分で全体に発表します。この際，発表者は一人でなくてもよいこと，口頭の説明に限定せずロールプレ

イを取り入れてもよいことを伝えます。これにより，各グループ内の結束が強まると同時に，多様な伝え方があることをグループ間で学び合えます。

手順3と同様，全体の進行役は，各グループの発表を受けながら，出てきた解決策・対応策

全体発表の様子

を黒板（ホワイトボード，模造紙）に書き出し，整理していきます。このように，記録として残しながら進めることで，全体の知識・経験が集約されて共通理解が図られるとともに，教職員が全体の対話に貢献したことを視覚的に確認し，自分たちのグループの意見が全体の中にどのように位置づくのかを俯瞰できます。

手順6 ──コンセプトマップの再記入とシェアリング

最後に，各自，手順1で書いたコンセプトマップを見ずに，再度「いじめ」というキーワードから連想される事柄をできるだけたくさん白紙に書き出します。そして，最後に書いたコンセプトマップが，当初のものと比べてどのように変化したのかを比較し，「感じたこと，気づいたこと」を記入し，その内容を隣の人とシェアリングします。

下の研修前と研修後のコンセプトマップ例を見比べると，研修後に「養護教諭」といった新たな用語が加えられたこと，また，関連する用語間が線で結びつけられて「連携」という思考が生じてきたことが読み解けます。

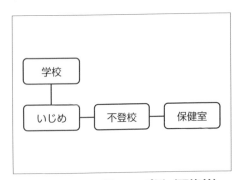

図1　コンセプトマップ例（研修前）

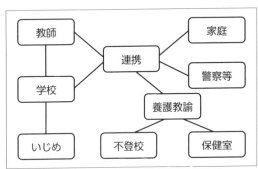

図2　コンセプトマップ例（研修後）

このように，研修での学びの質や研修前後での思考の変容を可視化する手だてを用意しておくことはとても重要です。なぜなら，可視化されたものから教職員自身が自らの思考の変容を見取ることで，「自分自身の思考パターンをモニターして修正する」機会となり，また，教職員が自らの「認知の修正と拡大」がどのように起こったのかを視覚的に確認することができるからです。

5 「対話」という学校文化を醸成するために

「子どもたちが,安心できる環境」としての学級づくりに有効な方法がSGEの実践です。いっぽうで,子どもたちが安心・安全に過ごすためには,教職員間の信頼関係の構築が不可欠です。そのためには,教職員自身が学校組織の中で,安心な場を体験しつつ,多様な他者と対話することの意義について,経験を通して実感することが重要です。

体験が「～したことがある」といった性質のものであるのに比して,経験は,より内的な変化を伴います。泉谷（2017）は,経験が「多少なりとも感性や価値観が変わり,その人のあり方がそれまでとは異なったものになるような変化のこと」と説明したうえで,「対話」が,その経験の場を提供してくれる貴重な機会であると述べています。

研修の場が,各教職員が安心して対話し,自分の積み重ねてきた知識・事例・考え・技術を自己開示できる場となっていることはとても大切です。風通しのよい対話が生まれる場としての研修は,大人の学びの場として機能し,教職員同士がお互いの強みを高めつつ,学校全体の教職員のチーム力発展につながるからです。教職員の職員開発（研修）における教職員間の学びについて,スー・ヤング（2012）は,「教師とその他の職員が,お互いの関係性の中ですでに使っている技術と強みを高め,発展させることで,彼らが生徒のためにそうなりたいと願う役割モデルにより近づくことを可能にします」と述べています。普段から地道に教職員間で対話を重ねられる環境・仕組みを,学校全体の文化として醸成することこそが,子どもたちが安心して過ごし学び合える場づくりにつながると考えます。

〔引用参考文献〕
(1) 市川昭五・若井彌一・天笠茂編『教職研修第524号』教育開発研究所,2016
(2) 住本克彦「エンカウンターを生かした学校規模の不登校対策」國分康孝・國分久子監修『エンカウンターで不登校対応が変わる』図書文化,2010
(3) 土居健郎「『見立て』について」『精神医学第11号』医学書院,1969
(4) 鈴木壮「子どもの問題の見立てと心理的支援―教育相談の事例検討」『岐阜大学教育学部教師教育研究』第8号,2012
(5) 山本力・塚本千秋・西山久子ほか「教育臨床における見立て・評価について」『教育実践総合センター研修講座・教育臨床部門分科会の報告』2003
(6) 竹内伸一「学校マネジメント研修講座4時間目ケースメソッド」『教職研修第524号』教育開発研究所,2016
(7) 渡邉彩「ファシリテーションによる学びを,どう評価したらよいですか?」『これでできる! わくわくファシリテーション―アクティブ・ラーニング時代の授業づくり・学校づくり―』新潟日報事業,2016
(8) 國分康孝・國分久子「なぜSGE的アプローチをとるのか―カウンセリングを超える特色とは―」前掲,國分康孝・國分久子監修『エンカウンターで不登校対応が変わる』図書文化,2010
(9) 泉谷閑示『あなたの人生が変わる対話術』講談社,2017
(10) スー・ヤング著,黒沢幸子訳『学校で活かすいじめへの解決志向プログラム―個と集団の力を引き出す実践方法―』金子書房,2012

> **コラム3**
>
> # 自治体の組織改革で迅速ないじめ防止対応を
>
> 小西博泰(小野市教育委員会教育指導部学校教育課教育指導部長)

小野市の行政は,「理念なくして意識改革なし,意識改革なくして行動なし」を基本理念として,「行政も経営」ととらえ,ゼロベースの発想でチャレンジしています。具体的には,行政経営戦略の四つの柱として,①「顧客(市民)満足度志向」の追求,②何をやったのではなく,何をもたらしたのかということを常に念頭におく「成果主義」,③「小野らしさ」を追求する行政をめざす「オンリーワン」,④言われる前にやる「後手管理から先手管理」を掲げ,業務を行っています。これは市の行政だけでなく,学校現場においても周知されており,教育活動においても「オンリーワン」となるさまざまな教育施策を実施してきました。特に,児童生徒のいじめ問題,問題行動,不登校問題,家庭の状況把握などについては,「先手管理」することで未然防止や早期対応,解決につながるととらえ,各校では教育活動に取り組んでいます。

1 「いじめは人権侵害の根源」──いじめ等防止条例の施行

小野市では,いじめを狭義でなく広義にとらえ,市民運動として啓発しています。

学校だけではなく,家庭,企業,地域社会などでの虐待,ドメスティックバイオレンス(DV),セクシュアルハラスメント等の問題を解決することが,人権侵害そのものの解決につながるという認識から,全国に先駆けて2007年に「小野市いじめ等防止条例」を公布,2008年に施行しました。

さらに,「小野市いじめ等追放都市宣言」を宣言し,明るく住みよい社会づくりとともに,いじめ等を絶対に許さないという断固たる姿勢で,市,市民,学校,社会福祉施設,企業,公的機関,家庭,さらには地域社会の責務と役割を明記することで,いじめ等の防止に取り組んでいます。

本条例と宣言の施行により,市民と行政が一体となり,それぞれの責務や役割を果たすとともに総力を結集して,あらゆる人権侵害の防止に取り組むスタイルが構築できました。

2 新たな組織で迅速ないじめ対応を!

2004年,小野市では,総務部防災グループ,生活環境グループ,市民福祉部防犯グループ,不法投棄防止グループ,教育委員会青少年補導センターについて,それぞれの機能の一部を集約した「市民安全部」を創設しました。このことによって,あらゆる危機管理に関する業務を集約し,情報の一元化とその水平展開が図れ,迅速な対応が可能となりました。

図1　ヒューマンライフグループ組織図

また，市民安全部の部長に現職の警察官（警視職）を迎えることにより，警察との連携や相談体制も充実し，いじめやDV等に対する警察と連携した対応がスムーズになりました。

いじめが大きな社会問題となっていること，いじめ，DV，セクハラなどあらゆるいじめの防止に向けた対応が急務であることから，「いじめ」という言葉を用いて，人権問題全体を考える組織づくりが必要であると認識しました。そこで，人権教育の再構築と専門組織として市民安全部内に「ヒューマンライフグループ」（以下，HLG）を創設しました。

HLGは「人権」をキーワードに，いじめ・人権グループ，男女共同参画グループを中心として，社会福祉課，高齢介護課，子育て支援課，健康課，学校教育課によりグループを形成しています。関係する行政機関および教育機関すべてがメンバーとなることで，行政の縦割りの概念をなくしました。これにより，子どもから大人まで全市民のあらゆるいじめ問題に取り組む体制を整えることで，さらに早期発見と早期対応が可能となりました。

3　広く市民に伝えるために

(1) 啓発活動──「ONOいじめ等防止ウィーク」

全国初となる「小野市いじめ等防止条例」の目的・理念について市民の理解を深めるため，「ONOいじめ等防止ウィーク」を定め，集中した啓発活動を行っています。

毎年2回（6月と11月），市役所周辺をはじめ，市内の公共施設に啓発のぼりを設置し，量販店など多くの人が集まる場所で街頭キャンペーンを実施することで，いじめ等のない明るく住みよい社会の実現に向けて，市民の気運の醸成を図っています。

(2) 「いじめ対応マニュアル」の作成

教育委員会と市のヒューマンライフグループが協力し，「いじめ対応マニュアル」を作成しました。本マニュアルは，いじめ防止の理念だけでなく，いじめの早期の発見方法，具体的な対応，平素からの指導方法など，具体的な内容をあげ，市内の教員が即座にいじめ対応できる，どの学校においても同じ対応をすることをめざして作成したものです。

作成にあたっては，現場の教員の意見を十分に反映しました。例えば，「いじめのサイン」という項目では，「日ごろ交際していない友達数人と，遅れて教室に入ってくる」「特に用事もないのに職員室や保健室に出入りし，時間を過ごすことが多い」など，現場の教員でなければ気づかないような視点で，具体的な表現を盛り込んだマニュアルとしました。

また，「いじめられる側にも問題がある」という間違った受け止め方を見逃がさないよう，いじめの傍観者への指導についても作成しています。

さらには，各学校と教育委員会，市長部局との連携体制を明確にすることによって，学校か

いじめの早期発見対策（どの学校でも，どの子にも起こりうる問題） （資料3）

学校でのいじめのサイン
・急に遅刻が多くなる。早退が増える。
・授業開始前に机，椅子，カバンなどが散乱している。
・授業開始前に学用品，教科書，体操服等が隠されている。
・学用品の破損。ノートに落書きがある。
・日ごろ交際していない友達数人と遅れて教室に入ってくる。
・授業中，誤答に対して皮肉，笑い声が繰り返し起こる。あるいは正解に対するとよめきが起こる。
・先生から注意された子どもに，クラスの視線が集中する。
・ニックネーム・コールがある。
・その子どもの隣にだれも座りたがらない。
・一人の子どもの発言に大多数の子どもが反対することが多い。
・休み時間，清掃の時間などに一人で黙々としている。
・休み時間などに特別用事もないのに職員室や保健室に出入りし，時間を過ごす。
・理由のわからないけがが多い。衣服が汚れ，足跡がついている。
・美術，書道の授業の後，衣服に絵の具や墨がたくさんついている。
・黒板や机等に，ニックネームや「○○死ね」などの落書きをされる。

子どもの実態把握の方法
1 生活状況調査（いじめアンケート調査）
2 個人面談
3 日常観察
4 日記
5 心理テスト
※いじめの対象（被害者）になりやすい子の特徴
・自己主張のできにくい子
・身体的・性格的・行動的に集団とは異なる側面をもっている子
・失敗経験の多い子
・プラスの評価を受けてきたまじめな子
・正義感の強い子も対象となる。
※いじめる立場（加害者）になりやすい子の特徴
・情緒が不安定で，相手のことを考えず，自分の考えや感情のまま行動する。
・相手との力関係に敏感で，自分より力のある者には弱く，無力な相手には強い。
・家庭は放任・過保護・管理的であることが多く，真のぬくもりがたりない。
・自己を発揮できる生活の場を見いだせず，不満を鬱積させている。

教師が，豊かな感性で，日ごろから子どもの観察，理解に努める
情報のキャッチ

教職員の共通理解・協力体制のもと，日ごろから情報交換を行う　　家庭・地域との連絡を密にし，情報交換に努める

教師間の情報交換
・日々の情報交換
・職員朝礼での「子どもの行動報告」
・学年会での情報交換・事例研究
・生徒指導部会での情報交換・事例研究
・保健室からの情報
・部活動の顧問からの情報（中学）
・クラブ活動からの情報（小学）
※「いじめ」と「けんか」「ふざけ」を混同しない。
　「けんか」…原因が明確で，勝ち負けが決まれば必要以上に攻撃しない。
　「ふざけ」…対等な関係で，役割の交代がある。
※「けんか」や「ふざけ」として見逃さない。

家庭でのいじめのサイン
・学校へ行きたがらない。
・機嫌が悪い。
・転校したいと言う。
・先生と友達を批判する。
・喜怒哀楽が激しい。
・親に隠しごとをする。
・金遣いが荒くなる。
　（親の財布の金が抜かれている）
・友達からの長電話にていねいな語調で応答する。
・服が汚れている。体に傷がある。
　※傷の場所（目立たないところ）に注意。
・いたずらされ，物が壊される。
・外に出たがらない。
・親が学校と連絡をするのを嫌がる。
・学校の様子を聞いても言いたがらない。

地域からの情報
自治会やPTA等の組織を活用して，子どもの様子を知らせたり，早期発見のポイントを啓発したりする。

・公園で一人の子を何人かで囲んで言い合ったり，こづいたりしている。
・スーパーや店でジュースやお菓子をおごらせている。
・登下校中で，一人の子が他の子の荷物を持たされている。
・道ばたや公園などで，一人ぽつんとしている。

図2　いじめの早期発見対策

らの情報は，教育委員会を通じて，市長部局や関係部局に伝達されるシステムを構築しました。

4 情報の一元化と情報共有・水平展開による迅速な対応を

　小野市では，「情報の一元化と情報共有・水平展開システム」を構築しています。
　いじめ事案を含む生徒指導案件などについて，まずは校内で情報共有し，校内の指導体制を整えること。次に，教育委員会と情報を共有することによって，市民安全部やHLG等，関係機関の助言や支援を得られるようになること。最終的には，学校だけの問題として取り組むのではなく，市全体の問題として取り組むことをめざしています。
　そのための「報告様式フォーマット」を2012年度に整備しました。報告様式は，校内での情報共有するための「職員朝会の記録」「職員会議の記録」「情報共有シート」，教育委員会および市の部局と情報共有するための「小野市いじめ等防止条例に係る報告書」があります。以下に概要を説明します。

・「情報共有シート」——保護者や児童生徒から情報を得た教員が作成する。具体的な事案や対応について記載し，いつ，どんなことが起きたのか，校内の組織，関係機関への報告について記載する様式。
・「職員朝会の記録」——職員朝会において協議された事案，伝達・周知，決定された事案の

記録。
・「職員会議の記録」——職員会議において協議された事案，伝達・周知，決定された事案の記録。
・「小野市いじめ等防止条例に係る報告書」——いじめ，問題行動等，学校で起きたさまざまな事案についての記録。「担当⇒管理職⇒教育委員会⇒市民安全部ＨＬＧ⇒市長部局」という流れで，この報告書によって関係機関が情報を共有できる記録。

まず，いじめや問題行動を認知した教員が「情報共有シート」により，関係の教員と情報共有します。次に，その情報を職員朝会や職員会議で校内の全教員に周知します。その協議内容や指導内容を「職員朝会の記録」「職員会議の記録」に記録します。

さらに，生徒指導の重要案件については，「小野市いじめ等防止条例に係る報告書」によって，教育委員会，市民安全部HLGにも情報が水平展開され，事案によっては，学校，教育委員会，市民安全部等，関係部局（警察等）による組織対応が可能となっています。

例えば，学校や地域でいじめ問題が起きた場合，学校教育課，市民安全部，市民福祉部に情報が入ります。各課では，情報を共有し，場合によっては他の関係機関にも情報を連絡して協力を依頼し，場合によっては県教委の学校支援チームやスクールソーシャルワーカーに支援いただくこともあります。

さまざまな情報を一元化し，その情報を関係機関と共有，さらには展開することによって，いじめ問題等に組織的に対応することをめざしています。

5 「自立した心」の育成を

いじめ問題や問題行動が複雑化するなか，生徒指導においても組織的な対応が求められています。情報共有のためのシート（フォーマット）を作成し，問題行動の内容，周知する範囲，関係機関との連携，対応状況，結果等を記載し，一目で指導の経緯がわかるようにしました。情報共有シートへの記入で，対応の手順が確認でき，情報共有シートは若手教員のマニュアルにもなっています。さらに，いじめ問題を中心とした問題行動については，市長部局を通じて市長にまで報告することで，組織的な対応を「可視化」できました。

教育委員会では，さまざまな事例や情報を学校と共有することにより，「先手管理」に努めています。報告をきちんと行うことによって学校の「隠ぺい」という誹りを受けることを免れ，連携をすることによって，子どもたちの実態に即した支援と理解を得られるのは事実であり，学校教育，教育現場への理解と支援につながると考えます。

教育委員会としては，情報共有することによって現場の教員と手を携えて，10年後，20年後を見すえた教育活動に邁進する所存です。

第2章
いじめ対応に生かすエンカウンター

第2章　いじめ対応に生かすエンカウンター

❶ 教育現場に求められる学校カウンセリング
──SGE活用にする「教育相談」を生かした「生徒指導」の展開──

住本克彦（新見公立大学教授）

1　生徒指導と教育相談のバランスを図る

　生徒指導と教育相談の対立関係は，多くの学校でみられます。生徒指導の立場からは，「教育相談は甘やかしすぎる」の指摘であり，教育相談の立場からは，「生徒指導は厳しすぎる」の批判です。それは特に，生徒指導部と教育相談部を別々に校務分掌に位置づけている学校に多いようです。

　学校教育において，生徒指導と教育相談は相反する機能のように思われていますが，生徒指導は父性原理，教育相談は母性原理にそれぞれ依拠する双子の関係です。母性も父性も，生徒指導も教育相談も，どちらかに偏ることなくバランスを図ることが大切なのです。

2　生徒指導と教育相談の関係

　教育相談は，昭和30年代に，生徒指導の一環として導入が図られた経緯があります。児童生徒の問題行動等のうち，少年非行については，昭和26年，39年，58年をピークとする三つの波があります。当然，これら少年非行の増加のたびに生徒指導体制の充実強化は叫ばれましたが，特に昭和30年代ころの学校における教育相談は，カウンセリング技法の「受容」と「共感」を用いて問題傾向をもつ児童生徒の早期発見・早期指導が中心であり，「生徒指導の一環としての教育相談活動」というニュアンスが強かったのです。依然として生徒指導主導の教育現場でした。

　生徒指導とは，「一人一人の児童生徒の人格を尊重し，個性の伸長を図りながら，社会的資質や行動力を高めることを目指して行われる教育活動」（文部科学省「生徒指導提要」2010）と定義されています。古くは「人間の尊厳という考え方に基づき，ひとりひとりの生徒を常に目的自身として扱う。それは，それぞれの内在的価値をもった個人の自己実現を助ける過程であり，人間性の最上の発達を目的とするものである」（文部省「生徒指導の手引き」1965）としています。

　いっぽう，教育相談は，「児童生徒それぞれの発達に即して，好ましい人間関係を育て，生活によく適応させ，自己理解を深めさせ，人格の成長への援助を図るもの」（文部

科学省「生徒指導提要」2010）と定義されています。

　繰り返しになりますが生徒指導の実際にあっては，教育相談はその中核にあるものとして機能するものでなければなりません。児童生徒の問題行動が多様化・深刻化している現状にあってこそ，教育相談の考え方を生かした生徒指導の重要性が，ますます強調されなければならないと考えます。これからの学校カウンセリングの実践にあたっては，二つの校務分掌を統合し，教育相談を生かした生徒指導の展開をめざすべきなのです。

3　求められる予防的・開発的な教育活動

　毎日の新聞紙上を見るまでもなく，現在の学校における生徒指導上の諸問題は，きわめて多様化し，深刻化した状況にあります。

　これら起こってしまった問題へ対応するために，対症療法的な指導や援助は当然必要ですが，そのような問題を未然に防止するために，教師は，開発的カウンセリングに精通することが大切であると考えます。

　開発的カウンセリング（developmental counseling：Blocher,H）とは，教師がすべての子どもたちを対象に，発達課題を達成させ自己実現を援助するカウンセリングのことです。SGE，ソーシャルスキルトレーニング，ピアサポート，ストレスマネジメント教育等が，実際に学校で活用されています。

　また，学級の実態把握のためには，Q-U（Questionnaire-Utilities：楽しい学校生活を送るためのアンケートQ-U，河村茂雄，図書文化）などが効果をあげています。

4　SGEの教育的効果とは

　SGEを活用することによって，子どもたちの共感性や正義感を育て，ふれあいのある学級づくり，互いに認め合える学級づくりが可能となり，生徒指導上の諸問題の防止につながります。

　SGEの教育的効果は次表のとおりです。

SGEの教育的効果

学級での居場所づくり	自己表現，自己主張をしても，周りが受容し，共感してくれることによって，メンバーは居場所を実感できる。
集団の凝集性の高揚	共に同じ体験を通して，親近感を高め，仲間，絆を実感できる。
規範意識の高揚	集団での体験活動であるため，当然そこには，ルールが存在する。リーダーが提示したルールの枠の中で自己発見が進む（構成的グループエンカウンターの「構成」とは，「枠」を与えること）。
人間関係づくりの効果	グループの中での交流体験を通して，グループの凝集性が高まり，全体シェアリング等において，学級全体での交流の中で，関係性は高まる。
自己認知の拡大	この体験は，自己発見のために進められていく。つまり，自己認知が拡大し，自己理解は深められる。
共感性の育成	自己開示を何度も重ねることで，互いの親近感は高まり，他人事は，自分事として共感性は高まる。
心の教育の推進の手段	開発的カウンセリング技法の一つとしてのSGE実践は，心の教育としての効果が大きい。
学級経営の基盤づくり	自己理解，他者理解，信頼体験等を通してメンバーの共感性を高め，互いに認め合える集団が出来上がる。これは学級経営の基盤となる。
教師と子どもの親近感の向上	「自己開示」はSGEのキーワードである。教師の自己開示を聞いたメンバーは，「先生はそんな失敗もしてきたのか」「先生は私と同じ経験をしているんだ」等，親近感を高め，子どもたちの自己開示を促進する。
いじめの未然防止効果	上記九つの効果の集大成として，本書でめざすところでもある，いじめの未然防止効果が促進される。

5　開発的カウンセリング技法の活用

(1) SGEの活用による，自尊感情の育成と人間関係力の向上

すでにご存じの方は多いと思いますが，ここでSGEの概要を押さえておきます。

構成的グループエンカウンターの「構成的」とは，人数やテーマ，時間などの条件をつけることで，「エンカウンター」とは，ホンネでの感情の交流ができる人間関係のことで，「出会い」や「ふれあい」ともいわれます。

構成要素として，心の成長を支援する課題（エクササイズ）と，感情と気づきのわかち合い（シェアリング）を2本柱とし，グループ（学級等）内において，メンバー（子ど

も)の自己理解,他者理解,自己受容,信頼体験,感受性,自己主張といった六つの能力を促進することで,メンバー同士の人間関係を深め,一人一人に豊かな人間性を培おうとするものです。

SGEのエクササイズ基本的な流れ

① ねらいと内容の説明

② ウォーミングアップ(心身の準備運動)

③ インストラクション(エクササイズの内容等の説明)

④ デモンストレーション(やり方の提示)

⑤ エクササイズの実施

⑥ シェアリング(気づきや感情のわかち合い)

⑦ まとめ(教師からのフィードバック)

SGEを展開するうえでのキーワードは「自己開示」(ホンネを語ること)で,メンバーは,エクササイズを通して,感じたことや気づいたことをシェアリングの中で自己開示し合います。自己開示を通して,リレーション(信頼関係)の形成が図られるのです。

SGEは,その前提として子どもたちに「安心感」を保証することが非常に重要になります。例えば「相手が言ったりしたりすることを否定しないこと」などを集団生活における基本的なマナーとして事前に徹底することが大切です。

(2) エクササイズ実施の例

自他のよさに気づき,自己肯定感を高める目的でSGEを実施する場合に,何をねらいにしたエクササイズを,どのような順番で行うのか,具体例を示します。

① エクササイズの順番の基本「他者理解→自己受容」

SGEで子どもたちが安心してホンネを語るためには,「こんなことを言っても大丈夫だろうか」「みんなから拒否されないだろうか」という不安を解消することが大切です。

そこで,まず「他者理解」をねらいとするエクササイズを中心に実施し,子どもたち同士の交流を進めます。相手の人権を尊重した話し方や聞き方の指導をすることも大切です。他者理解が深まったところで,「自己受容」をねらいとするエクササイズを実践するのです。

② 自尊感情を高める(自己受容)

人はだれしも認められたいという欲求をもっています。この欲求が満たされないと他者のよさを認める余裕は生まれません。エクササイズは,まず,他者から自分のいいところを言ってもらってから,自分のいいところを発表するという順番で行います。

そこで,最初に,「いいとこ探し」系列のエクササイズを通して,ポジティブなメッセ

ージをお互いに交換し合います。これによって，「友達は，こんなところをいいと思ってくれていたんだ」「私って周りからはこんなふうに見えているんだ」と，自分のよさを再確認したり，自分では気づかなかったよさを発見したりすることができます。

　次に，例えば，「私は私が大好き！」のエクササイズでは，自分のよさを宣言し合います。長所がうまく言えない場合は，「リフレーミング」も活用し，短所も長所に読みかえます（例：頑固→意志が強い）。そして，「私も結構すてきじゃない」「いまのままの私にも，いいところあるじゃない」というように，自分自身の肯定的な面に目を向ける場を設定するのです。あるいは，「私だってすばらしい！」のエクササイズでは，自分の長所や努力している点を自分へのメッセージカードに書き，発表し合って自分のよさを見つめ直します。

　最後に，再度，他者からポジティブなメッセージをもらう活動を行います。例えば，「あなたって最高！」のエクササイズでは，班で各人の素敵だと思う点をメッセージカードに書き手渡すことで，ほかの人から「自分のいいところ」をシャワーのようにフィードバックしてもらいます。

　このような活動プログラムを実施することで，自尊感情を高めると同時に人間関係を向上させるのです。

(3) シェアリングによる体験の共有化

　エクササイズ実施後にはシェアリングを行います。これにより，「私はいまのエクササイズを終えて，こんなことを感じた」「このエクササイズで，私はこんな発見をした」というように，感じたこと，気づいたことを語り合います。シェアリングの体験の中では，各自の思いを尊重しながら，他者の考えや思いを傾聴する習慣もついてくるのです。

　シェアリングでは，教師のリードが重要になります。教師が，子どもたちの自尊感情を高めたり，友人関係を広げたり，深めるような言葉かけをしていくことによって，「Bさんは私と同じ感想だった」「なるほど，Cさんのような見方をした人もいるんだ」「いろんな感じ方があるけど，それはその人の思いであり，みんな違ってそれでいいんだ」などと，子どもたち自身が実感できるように導きます。これによって，豊かな人間性を培い，人間関係を深めようとする心が育っていくのです。

　なかなか心を開こうとしない子どももいますが，自己開示を強要してはいけません。発言をためらっている子どもが多い場合は，教師自身の自己開示やモデルの提示で，できるだけ子どもが話しやすい状況をつくります。それでも発言をためらう子どもへは，「いま心の内側で感じていることを大切にしようね」と声をかけます。常に子どものよさ，努力点を見つめようとする教師自身の姿勢が問われます。

　このように，教師は常にカウンセリングマインドをもって子どもたちをリードするいっ

ぽうで，ルールについては徹底的に指導し，不適切な行動には毅然とした態度で介入することが大切です。

6　今後の学校カウンセリング実践のために

　教師はSGEに精通することによって，母性原理と父性原理のバランス感覚を身につけていくことができます。これは，教育相談を生かした生徒指導の実践そのものです。いじめ，不登校等，子どもたちの問題行動が多様化・深刻化する現況にあっては，より予防的・開発的な教育活動の展開が望まれ，SGE等の活用が学校現場に強く求められているのです。教育現場の最前線で奮闘している先生方に，教育相談を生かした生徒指導の実践として，SGE等，開発的カウンセリング技法を活用することを強く勧めたいと思います。

〔引用参考文献〕
(1) 住本克彦監修「高校生の生活と意識に関する調査報告書」兵庫県教育委員会・兵庫県高等学校生徒指導協議会，2009
(2) 住本克彦・古田猛志「教職員のカウンセリング研修における構成的グループエンカウンターの活用に関する一考察」兵庫教育大学発達心理臨床研究第十巻，2004
(3) 文部科学省「生徒指導提要」2010
(4) 文部省「生徒指導の実践上の諸問題とその解明」1966
(5) 文部省「生徒指導の手引き」1965
(6) 河村茂雄『学級づくりのためのQ-U入門』図書文化，2006
(7) 住本克彦「エンカウンターを生かした学校規模の不登校対策」「不登校を予防する学級経営とは」「私の人生の振り返り」國分康孝・國分久子監修『エンカウンターで不登校対応が変わる』図書文化，2010

❷ 発達段階に応じたいじめ防止教育とSGE
──幼保・小・中・高を見通して──

住本克彦(新見公立大学教授)

　いじめ防止教育は，子どもの発達段階を踏まえて実践を進めます。なぜなら，他者理解や共感性，規範意識や道徳性，友達関係のあり方などは，子どもの発達段階によって大きく異なるからです。

　幼保・小・中・高の発達段階ごとに，いじめを出さないための学級づくりの進め方と，SGEの活用について概観します。

1　保育所・幼稚園・認定こども園での取り組み

　自己主張，自己抑制が交錯する幼児期は，道徳性が芽生える時期です。いじめを予防するためには，この時期の対応・取り組みが非常に大切になります。

　そこで幼児期には，他者理解や信頼体験を目的にしたエクササイズを軸に，「ねらいをもった遊び」という形でSGEを取り入れます（第3章1節参照）。幼児期（1〜6歳）の子どもは，他者との関係性も徐々にスムーズにできるようになります。しかしこれは自己中心性のうえにつくられた関係性で相手の気持ちや考えを想像して行動することは，まだうまくできません。

　そこで思いやりの育成では，本人の言い分を十分聴いたうえで，相手の気持ちについても考えるように促します。きまりの指導についても，きまりを破ったらどうなるか，十分考えさせるようにします。

　4歳ごろからは，子どもたちの社会的相互作用が盛んになり，口論やけんかなどが増えてきます。これらが起こったときに，タイミングを逃さず，基本的な生活習慣が身につくように，子ども自身が自分の言動をふりかえるようにします。

　このとき重要になるのが，保育教諭の子どもたちへの向き合い方です。子どもたちが自分の気持ちを受け止めてくれる保育教諭との関係性を実感し，その関係性の中で，相手の気持ちも推し量ることの大切さについて学んでいきます。人間関係の築き方や修復の仕方についての学びが，いじめ予防やいじめへの効果的対処につながります。

2　小学校低学年での取り組み

　この時期の子どもには，自己中心性から起こるトラブル，些細なことでのいざこざが多くみられます。特に最近の子どもたちは，より幼くなっているように感じます。幼児期と同様，タイミングを逃さず，その場その場で指導することが大切です。友達同士でもめた原因や経緯，互いの自己主張の正当性，折り合う方法等について，教師もその場にいて一緒に考えるというスタンスでしっかりと向き合うことが大切です。

　規則尊重については，教師や保護者が「してはいけない」と言いきかせて守らせるようにする時期です。善悪の判断が自律的にはできないため，教師や保護者が集団や社会のきまりを守るよう指導することで規範意識を形成させます。

　この時期のSGEは，まず学級開き時から，他者理解を目的にしたエクササイズ（例：「みんなで握手」88ページ参照）で親和性を高めましょう。徐々に，他者理解・自己理解のエクササイズ（例：「いいとこ探し」100ページ参照）も加えながら構成するとよいでしょう。

3　小学校中学年での取り組み

　この時期は，ギャング・エイジ（徒党時代）とも呼ばれ，同性の友達で閉鎖的・付和雷同的な仲間集団がつくられやすくなります。この仲間意識を十分理解したうえで指導することが大切です。教師や保護者よりも友達の言うことが大事になり，大人へ相談するよりも自分たちだけで問題解決をしようとします。グループの結束も固く，秘密を守れなかった者への制裁や，別な友達と仲よくする子どもへのねたみ等が生まれます。

　また，「9歳の壁」「10歳の壁」といわれるこの時期は，他人との関係性の中で，自分を認識する時期です。他者と自分を比べて挫折感を味わうのもこのころです。したがってこの時期には，必要以上に関係性が固定化しないよう，グループの垣根を越えていろいろな人とふれあっていく機会をつくることが大切です。ここはまさにSGEの真骨頂です。グループの状態をみながら，メンバーをシャッフルして定番エクササイズを繰り返し実施します。「いままで話したことはなかったけど，いい人なんだな」「ああいう考え方もあるんだな」──さまざまな人とのふれあいを通じて，多様性を認め合える学級集団をつくりましょう。

4　小学校・高学年での取り組み

　思春期を迎えた子どもたちは，体の成長と心の成長のアンバランスが起きます。親からの自立とまだまだ甘えたいといった感情が混在しており，対応がむずかしい時期です。第

二反抗期でもあり，世の中の枠組みや大人の行動に疑問を抱き，規範に逆らったり，何がどこまで許されるのかを試したりします。教師や保護者が，ものわかりのいい大人になるのではなく，善悪のけじめをしっかり指導することが大事です。特に公平・公正・正義の心をしっかり育てることによって，いじめを許さない気持ちを醸成し，「Aさんがいじめられている。絶対に止めるべきだ。少しでも早くなんとかしなければならない」――こう考え，対処行動をとることができる子どもを育てます。

この時期は，道徳や人権教育に積極的にSGE取り入れるとよいでしょう。例えば，「トラストウォーク」(104ページ参照)を実施し，信頼すること・信頼されることのむずかしさを実感し，それでも信頼し合う仲間になりたいという思いを醸成するのです。また，「ぼく，私のヒーローヒロイン」(98ページ参照)のインストラクション時に教師の自己開示で，「私は○○が好きです。なぜなら正義を貫き通すことはとても大切だからです」など，教師自身が正義感を大切にし，有言実行している旨を伝えることも有効です。

5　中学校での取り組み

中学校では仲よしに見えるグループでいじめが起きていることが多く，グループの中のだれかを排斥することで仲間意識が強まるということがよく起きます。そのため，いじめのターゲットがグループの中で次々と変わるような現象も起きます。多様な友達との交流の場をSGEで設定することで，学級の中での居場所をつくり，仲間と適切な距離を置いたうえで，互いに共感し合う関係づくりを進めることが有効です。

また，人間としての生き方を踏まえ，自己の内面を見つめようとする時期ですので，自己発見を目当てとするSGEの体験を通して，よりよい自己発見の場を設定したいものです。

SGEでは，「ライフライン（人生曲線）」(108ページ参照)等の実践によって，人生のふりかえりをさせ，自己受容によって自己の将来への展望をもたせることも大切です。

6　高等学校での取り組み

高校は，大人の社会に出る前段階として，どう生きるのかを探る時期です。これまでの学びをベースとして，各自の夢について考え，人間としてのあり方・生き方を指導することを通して，いじめを許さない心を育てます。

また，新たに始まる総合的な探究の時間では，「『自分自身に関すること』『他者や社会との関わりに関すること』の両方の視点を踏まえることが必要であり，……（中略）……なぜなら，二つの視点によって自他の存在や考えが明らかになり，自分自身の変容や他者や社会との関わりに気付くことなどが期待できるからである。こうした学びが実現されるためにも，学習活動に丁寧な振り返りを位置付けることが欠かせない」（文部科学省，

2018)とされています。考えも立場も願いも異なる人々が,互いの違いを乗り越え,問題を建設的に解決していくことが,いじめ予防にもつながってきます。

SGEでは「ぼく,私のなりたいもの」(102ページ参照)などを行い,夢の実現のために,いまどうすべきなのかを考えていきます。その際,教師自身も自己のキャリアと向き合い,それを自己開示することはとても有効でしょう。また,自尊感情が下がりやすい時期なので「私は私が好きです,なぜならば～」などのエクササイズも活用しましょう。

〔引用参考文献〕
(1) 文部科学省「幼稚園教育要領」2017
(2) 厚生労働省「保育所保育指針」2017
(3) 内閣府,文部科学省,厚生労働省「幼保連携型認定こども園教育・保育要領」2017
(4) 文部科学省「小学校学習指導要領」2017
(5) 文部科学省「中学校学習指導要領」2017
(6) 文部科学省「高等学校学習指導要領解説」2018

❸ いじめ対応におけるSGE実施の留意点
――「うまくいかなかったSGE」から克服法を学ぶ――

水上和夫（富山県公立学校スクールカウンセラー）

　授業のあと，子どもの反応がよくない，いまひとつすっきりした顔にならないという経験は，だれにでもあると思います。それはSGEでも同様です。しかし，いじめをテーマに扱うときに，子どもたちの心に傷を残すようなことだけは避けなければなりません。

　いじめの予防や対応をねらいとしてSGEを行う場合は，以下の留意点を踏まえながら，子どもたちが心的ダメージを受けることのないよう十分な配慮が必要です。子どもの安心安全を守ることに配慮することが何より大切です。

1　レディネス（学習の準備状況）でエクササイズを選ぶ

　いつ，どんな学級でも必ずうまくいくエクササイズは存在しません。子どもや学級のレディネス（学習の準備状況）に配慮してエクササイズを選ぶことでよい活動になるのです。

(1) 子どものレディネス

　学級で，これまでにSGEを取り入れた経験や，子どもたちの参加状況，どのようなエクササイズを，いつ，どのように行い，参加の様子はどうだったかを把握します。

(2) 学級集団のレディネス

　リレーションやルールの定着状態など，学級集団の状況を把握します。

① 子どもたちの人間関係の把握――日常の観察，ペア・4人組・生活班などによる活動の状況の観察，Q-Uによる分析などを行い，ホンネを話せる状況かを確認します。

② 学習ルールの定着状況――聞くことのルール，発言のルール，学習用具を整えることの状況などから，教師の指示に従って動ける状態かを確認します。

(3) 個人のレディネス

　SGEへの抵抗が強い子どもや配慮が必要な子どもを把握します。

① 人間関係に課題のある子どもの把握――人間関係の状況，ペアの相手や話題など配慮する内容（本人に，他の子どもに）。

② SGEに対して困難を感じる子どもの把握――SGEになじめない状況の予測，エクササイズを実施する際の個別の配慮事項の検討。

　ダメージが少ないと思われるエクササイズであっても，すべての子どもがプラスの反応

を示すものではないことを理解しておきます。エクササイズの途中でやる気をなくしたり、抵抗を示したりする子どもが出ることもよくあるのです。その場合には、「いま、ここで」の気持ちを聞いたり、活動から抜けさせたりします。万が一、多くの子どもがショックを受けている場合には、エクササイズを中止する勇気が必要になります。

2 エクササイズのルールを徹底する

SGEでは、活動のねらいやメンバーのレディネスを踏まえて、人数、時間、グループの条件、活動場所、かかわり方などの条件やルールを設けます。これを「構成」といいます。

SGEでは、ホンネとホンネの交流を促進するため、人に迷惑をかけない範囲で自分のありたいように振る舞う自由が許されます。けれども、からかいやふざけなど友達を傷つける言動や行動については、それを毅然として止めさせ、子どもに自分の言動の責任を自覚させることが教師の重要な役割になります。

ルールを守ることで活動がうまくいきます。いじめ対応の授業でSGEを行う場合、エクササイズのルールを守ることは特に重要です。

① インストラクションで（あるいはエクササイズに入る前に）、学級全体に対してルールの確認と守ることへの意欲喚起を簡潔に行う。
② 本活動への教師の期待や希望（ねらい）を語り、ルールを守ってエクササイズを行う意識を高める。
③ ふりかえりやわかち合いの場を設定し、ルールを守れたことを互いに認め合う。

ルールの定着を促進するには、よかった点を認めてから、がんばる点を具体的に指摘します。「ほめて守ることができるようにする」ことがポイントです。

SGEでは、子ども同士が認め合う場面を設けることで、ルールを身につけることができます。エクササイズの中でルールの必要性を理解し、それを守ることで日常生活でもルールを守ることができるようになります。枠の中でできたことは、普段の生活の中でもできるようになるのです。みんなでルールを守って楽しくできた活動を積み重ねることが、いじめに強い学級づくりにつながっていきます。

3 教師の指導スキルを高める

SGEは集団の力を活用した教育技法です。そこで教師は、グループアプローチ活用スキル（グループアプローチを取り入れて、授業〔活動〕のねらいを達成するために必要な考え方や技術）について学んでおくことが必要です。

なかでも、自己開示、シェアリング、介入の活用スキルを高めることがポイントになります。

(1) 指導者の自己開示

授業のねらいにそって，教師が適切な自己開示を行います。

① 思考，感情，行動の自己開示——授業の各場面において，アイメッセージによる自己開示，対話を大切にした自己開示で口火を切り，話題をリードします。
② 子どもとのリレーションの深化——教師の自己開示によって，話しやすい学級の雰囲気，教師と子どものあたたかい人間関係が醸成されます。

(2) 子どもの自己開示の促進

子どもや学級全体の自己開示を促進し，ホンネとホンネの交流を図ります。自己開示した子どもの安全を確保し，よさを広めるようにします。

① モデルによる自己開示の促進——手本となることを意図して教師や友達の自己開示を見せます。また，自己開示によって感情を共有体験します。
② 安心して自己開示できる環境や雰囲気の醸成——「人の発言を一笑に付すな」の精神です。思い切って話した自己開示的な発言を授業で取り上げ，自己開示した子どもへのフォローを行います。

(3) 介入

ねらいどおり進行しない状況を打破したり，抵抗を示したりダメージを受けたりしている子どもに対応するために行います。

① ねらいからはずれている場合——全体の進行を止め，ねらいの再確認，ルールの再確認，指導者の願いの表明を行います。
② 子どもが活動に入り込めない場合——個別に対応して，気持ちを受け止める，見守って待つ，周囲を観察させる，進行を手伝わせるなどの対応を行います。
③ 子どもがのってこない場合——抵抗を示している子どもやグループへ対応します。リフレーミングによる介入も有効です。
④ ルールを守らない子どもに対して——現在の問題に絞って短く注意する，これからの行動の仕方を指導する，聞く耳をもたない子どもは場を変えて一対一で指導する（コンフロンテーション）など，見過ごさないことが重要です。
⑤ 心的ダメージを子どもが受けた場合——（個別またはみんなの前で）気持ちを聞く，活動から抜けさせる，エクササイズの中止，事後のフォローを行います。

(4) シェアリング

感じたこと・気づいたことを話し合うことで，気づきや思いの深まりや広がりをつくり，授業のねらいに迫ります。

① 子ども同士のシェアリング（わかち合い）の実施——ペア，グループ，全体など，適切なサイズを検討します。また，時間がとれるときは，徐々にグループサイズを

大きくします。
② シェアリング（わかち合い）による，ねらいの達成——話題をねらいに焦点化する，建前にならないようアイメッセージで語るように促す，挙手によるわかち合いで全員が意見表明する機会を設けるなど，短時間で行えるように工夫します。
③ 指導者の自己開示の活用——うれしかったこと，新しい発見，次時への期待を語ります。

4　うまくいかない問題を克服する

　筆者のこれまでの体験では，SGEによる授業がうまくいかなかった原因を分析すると，次にあげることがおもな問題になっています。
　これらの問題を意識し，克服することで，子どもの気づきが得られる，いじめ対応の授業を進めることができます。

(1) **教師の問題**
① SGEを取り入れたい教師の気持ちが先行し，子どもや学級の実態を無視している。
② SGEの習熟が足りないため，計画のアレンジや活動への介入が行われていない。
③ 教師の自己開示が適切に行われないため，シェアリング場面における深まりが少ない。

(2) **児童生徒の問題**
① 課題を解決したい，という子どものモチベーションが高まっていない。
② 自己開示に対する抵抗が強いため，子ども同士の気持ちの交流が少なく，しらけたムードのままエクササイズが行われている。
③ 配慮が必要な子どもや抵抗の強い子どもへの配慮がたりないため，そのような子どもたちの参加意欲や満足感が低い。

(3) **プログラムの問題**
① SGEのエクササイズが，授業のねらいに合っていない。
② エクササイズを実施する設定や条件が子どもの実態に合っていない。
③ 「参加して楽しい」「自分にとって有意義である」と子どもが実感できるプログラムになっていない。

〔引用参考文献〕
水上和夫『対話のある授業づくりワークショップ実施ガイド』富山県教育カウンセラー協会，2013

❹ いじめ防止教育に役立つSGEエクササイズ

住本克彦（新見公立大学教授）

いじめ防止！「究極のエンカウンター」を行うためのポイント

　本章で紹介するエクササイズは，学級の子どもたちの人間関係づくりのために，よく行われているものです。ここでは，いじめ予防の観点から，どのようなねらいでエクササイズを実施すればよいか，また実施にあたってどのような配慮をすべきか，展開例を紹介します。なかでも，特に重要な四つのポイントを押さえます。

　なお，「あまり関係性のよくない状態の学級」では，教師の想像以上に，子どもたちの抵抗が強く現れる場合があります。そのような場合のSGE実施の留意点については，前節（2章3節）を参照ください。

留意点1　ルールを徹底し，安心安全な環境づくり

　「ありのままの自分を出していいんだ」という安心感が得られること。これはSGEを行う際の第一条件です。以下のルールを徹底し，ルールを破るような発言・態度があった場合や，個人に対する冷やかしなどがあった場合は，即時介入します。それでもルールを守れない場合は，途中で活動を中止することが求められます。

SGEエクササイズ時のルール

1　人の話は最後まで真剣に聴く。
2　人の言動（言ったことやしたこと）を否定しない。
3　聞いた話をほかでは話さない。

　「その人が言ったことは，その人の人生そのものである。人生や生き方が反映されたものである」（國分）――発言を軽くあしらったり笑いに変えたりすることは，相手の人生を否定することと同じです。同様に，軽々しく他人に言いふらすことも相手を大切にしていないことになります。「人の話を一笑に付すな」――これはSGEの大原則です。

　なお，エクササイズのテーマによっては，家族や自分のプライバシーにかかわる内容や，人に知られたくない話が出ることがあります。その場合には守秘義務を徹底します。

留意点2　ときに深い介入で，心の動きをみる

　エクササイズ中に，「つまらない」「これって意味あるの」など，ネガティブなつぶやきや教師に対して茶化すような発言・態度が子どもからある場合があります。それは「試し行動」である場合が多いのです。「こんなふうに言ったら先生はどんな反応をするか」「どうせ自分は取り合ってもらえないだろう」などと，教師の反応をみているのです。教師の人生の深さが試されているともいえます。こんなときは，子どもの発言の言葉尻にとらわれてはいけません。「きみはそう感じたんだ」「なぜそう思ったの？」などと尋ね，行動の背景にある心の動きをみることが大切です。

　ルール違反に対しては，全体の活動が途切れてしまわないよう短く注意して，そのままエクササイズに参加するかどうかは子どもに選択させます。必要があれば，エクササイズ終了後に個別に話をするといった対応を行います。「その人のかけがえのなさにふれるためにSGEを実践するのだ」（國分）──そう考えたとき，抵抗を示す子どもは，教師にとって，その子を理解する大きな学びのチャンスになるのです。

留意点3　教師の自己開示でSGEを深化

　いじめ防止教育で大切なのは，「教師の本気度」です。これを子どもたちに示すには，教師の深い自己開示，つまり「究極の自己開示」をSGEの中に入れるようにします。例えば，教師自身が体験した大きな失敗談，挫折した話，自分の人生において非常につらかった出来事，悲しかった出来事……これらを，インストラクションなどで子どもたちの前で真剣に話すのです。先生がそこまで話してくれたという思いは，子どもと教師の心の距離を縮め，子どもたちがエクササイズと真剣に向き合い，ホンネを語り合うことを促進します。「その自己開示の内容は自分の人生そのものであるか，絶えず確認しながら，子どもたちに向き合いなさい」（國分）──自分の経験を通じて子どもに何を伝えたいのか，どのようなことを考えてもらいたいのか，常に自身に問いかけながら，教師が究極の自己開示を行うこと。これが，子どもの心に響くSGEをつくるのです（20ページ参照）。

留意点4　保護者や家庭との連携

　誕生や死，過去や未来を扱うエクササイズ（例：「ライフライン」108ページ参照）では，子どもが身近な人の死を思い出したり，漠然とした不安が高まったりすることがあります。実施前には，学級通信などで保護者にもその目的と内容を伝えます。家庭でも話題にしてもらい，「お子さんの様子で気がかりなことがありましたら，すぐにご相談ください」等とお願いし，家庭と連携して子どもの様子をみていきます。

第2章　いじめ対応に生かすエンカウンター

みんなで いわう おたんじょうかい

◆ねらい
誕生日のお祝いを通して，みんなから大切にされている自分を感じ，自分の命も他者の命も同様に，かけがえのないものであることに気づく。

子どもを思う保護者の心にふれることを通して，自他の命のかけがえのなさを実感する。

種類
自己受容
他者理解

時間
5分

対象
幼児

◆手順
- 誕生日を迎えた園児を紹介する（誕生月での一斉指導も可）。
- 保護者のわが子に対する思いを語る。
- 教師が自己開示して，当人への思い，周りの子への思いを語る。
- 誕生会に関する歌を合唱するなど，誕生会を続行する。

◆ねらいとなる気づきの例
- 私はお母さんからとても大事に思われているんだ（当人の気づき）。
- Ａちゃんは入院したこともあって大変なんだ。もっとやさしくしよう。
- 私の家族も，Ａちゃんのお母さんのように，私のことを大事に思ってくれているんだろうなあ。きっとみんなの家族も，同じように思っているんだね。

❹ いじめ防止教育に役立つ SGE エクササイズ

◆展開例 「みんなで いわう おたんじょうかい」（5歳児クラスの例）

【本事例について】
　体調を崩すことが多く，休みがちな園児の事例です。以前に通っていた園では，周りの子に強くあたられた経験があり，不登園傾向でした。本園でも強くあたる子がいましたが，誕生会では，その子がうっすら涙を浮かべながら真剣に話を聞く姿がみられ，まさに慈しみの時間となりました。保護者の思いに重ねて教師の思いを伝えたところで，Ａちゃんの自尊感情は非常に高まったと思います。周りの子も，Ａちゃんの存在のかけがえのなさを感じるとともに，自分も同様に親や周りの人から愛されている大事な存在であることに気づきました。

	リーダーの指示●	留意点
活動内容	**1　幼児の保護者のお話を聞く** ●〇月△日はＡちゃんのお誕生日です。みんなでお祝いをしましょう。 ●今日はＡちゃんのお母さんもいらしています。まずお母さんのお話を伺いましょう。 〔保護者の話〕Ａちゃん，〇歳のお誕生日おめでとう。あなたが生まれてきたときを昨日のことのように思い出します。ママのもとに生まれてきてくれて，ほんとうにありがとう。そしてクラスのみなさん。Ａは，小さいころ体が弱く，病気がちでした。何日も入院したこともあります。でもいまは，みなさんに仲よくしてもらって，毎日楽しく登園できています。いまもときどき体のぐあいが悪くなることもありますが，これからも仲よくしてやってください。みなさん，いつもありがとう！ **2　教師の自己開示** ●Ａちゃんのお母さん，ありがとうございました。Ａちゃんを大事にするお母さんの思いがすごく伝わってきて，先生もとてもあたたかい気持ちになりました。 ●お話にあったように少しお休みが多いＡちゃんですが，いつもやさしくしてくれているみなさんに，先生からもお礼を言いたいと思います。みんな，ほんとうにありがとう！ ●先生も，やさしくて絵が得意なＡちゃんが大好きです。 （以下，誕生会を行う）	・本実践は保護者の協力が欠かせない。 ・メッセージの内容は必ず保護者と事前に打ち合わせる。 ・保護者も誕生会に招待し，可能であれば子どもたちに直接話してもらう。参加できない場合は，ビデオメッセージや手紙等を事前に送ってもらう。 ・協力が得られにくい保護者の場合，教師と保護者の打ち合わせそのものが家庭教育をより充実したものへと結びつけることにもなる。ねらいを伝え，ほかの子の誕生会の様子を映像で観ていただくなどするとよい。保護者が誕生会に参加できない場合でも，教師が子どもへの思いを伝えることで，その後の協力体制がつくりやすくなる。

第2章 いじめ対応に生かすエンカウンター

みんなで握手

◆ねらい
相手と自己紹介をし合いながら握手するエクササイズ。最初に教師が深い自己開示をすることで、学級の一人一人をかけがえのない存在であると考えている教師の強い思いを伝える。

学級開きの際に、いじめのない学級をつくるという教師の意志表明とともに行うと効果的。

種類
信頼体験
他者理解

時間
10分

対象
小学生
以上

◆手順
・教師が自身の握手に関する思い出（深い自己開示）を語る。
・教室内を自由歩行し、出会った相手と自己紹介して握手する。
・シェアリングでは、感想・気づきを出し合い、最後に教師が、クラスの全員がかけがえのない存在であることを語る。

◆ねらいとなる気づきの例
・みんなに、「これからもよろしくね」という気持ちで握手できてよかった。
・あまり話をしたことがない人とも自己紹介し合えてよかった。
・あたたかい手、冷たい手、大きい手、小さい手、いろんな手があるんだな。
・先生がしてくれた話みたいに、私もだれかが困っているときは助けたい。

❹ いじめ防止教育に役立つSGEエクササイズ

◆展開例　みんなで握手（小学校低学年の例）

場面	リーダーの指示●　子どもの反応☆	留意点
インストラクション	**1　ねらいとルールの説明** ●一人一人と親しくなるために，「みんなで握手」をします。 ●今日の活動で必ず守ってほしいことを説明します（略）。 **2　教師の自己開示** ●先生は，以前に担任した学級でも，「みんなで握手」をしたことがあります。その学級には，生まれつき，手に力が入らない子がいました。どうしようかと悩んだのですが，それでも，その子は「みんなと握手したい」って思ったんだね。それでどうしたかというと，学級のみんながその子と握手するときは，その子の腕を支えてあげながら，手をそっと握るようにしたんです。先生は，相手を大事にしようとするみんなの心がうれしくて，この学級の先生になれてほんとうによかったなと思いました。静かに聞いてくれてありがとう。	※身体接触が苦手な子どもに配慮する（次ページ参照）。 ・説明するルールは84ページ参照。 相手を大事にしようという気持ちにつながるように，教師が自己開示する。
エクササイズ	**3　エクササイズの説明と実施** ●やり方を説明します。教室の中を自由に歩きながら，出会った人と「私は・ぼくは○○です」と自己紹介して，握手します。時間は2分です（20人程度の場合）。できるだけ多くの人と，相手の目を見ながら「これからもよろしくね」という思いをこめて，両手でやさしく握手しましょう。 ●では，はじめ。	・全員との握手が望ましいが，学級状態によっては「できるだけ多くの人と」とし，全員との握手を強要しない。
シェアリング	**4　感じたこと，気づいたことを語り合う** ●みんなと握手してどんな気持ちがしたかな？　何人かに感想を言ってもらいましょう。 ☆あらたまって握手するのはちょっとはずかしかった。 ☆あたたかい手や冷たい手，いろんな手があると思いました。 ☆先生が話してくれた手に力が入らない子のように，だれかが困っていたら，手助けしたいなあと思いました。 ●あたたかい手，冷たい手，大きな手，小さな手，ふっくらした手，いろいろな手の感触がありました。一人一人の手がみんな違うように，いろいろな個性をもつ人がこの学級に集まって，これから1年間を過ごしていきます。このメンバーでみんなにやさしい楽しいクラスをつくっていきましょう。	一人一人がかけがえのない存在であるという，教師の思いを伝える。同時に，「みんなにやさしい学級をつくる」ということは，このクラスからはいじめを出さないという教師の意志表明でもある。

第2章　いじめ対応に生かすエンカウンター

「みんなで握手」解説と留意点

◆エクササイズ解説

いじめ予防は最初が肝心です。

本事例では，学級開きの場面で，教師が過去のクラスのエピソードを語ることで，子どもたちの思いやりの気持ちを一気に醸成しています。

さらに，終末での「みんなにやさしい楽しい学級をつくろう」という言葉かけは，「いじめのない学級をつくるのだ」という教師の意志表明につながっています。

エクササイズにおける「握手しながら自分の名前を伝える」というあいさつの仕方は，中学年，高学年と発達段階に応じて，アレンジしてもいいでしょう。

例えば，「こんにちは。私は○○です。よろしくお願いします」と言葉を添えて，笑顔で握手します。あいさつ，笑顔，スキンシップという三つのプラスメッセージによって，さらに親和性を高める効果が期待できます。

スキンシップの程度にも，いろいろなバージョンがあります。私が以前伺った学校では，生徒が「私たちハグ（抱擁）であいさつできるよ」と言っていました。メンバーの親和性がとても高ければ，これも可能でしょう。次ページを参考に，学級の実態に合ったものを選んで行ってください。子どもたちにやりたいものを選ばせてもいいでしょう。

◆実施上の留意点

(1) **教師のインストラクションがポイント**

このエクササイズにおいても，教師の自己開示とともに，インストラクションが重要になります。

①「あいさつ」では，みんなと仲よくなりたいなという思いをもってあいさつすること。

②「笑顔」「スキンシップ」では，相手の人にやさしさが伝わるようにすること。

③「できるだけ多くの人と握手するように」と指示し，「全員と握手」を強要しないこともポイントです。

(2) **身体接触が苦手な子への配慮**

スキンシップによるコミュニケーションは，相手との心理的距離を縮めますが，なかには，身体接触が苦手な子どももいます。

感覚過敏がある子どもの場合，軽い身体接触でも痛みなどを感じる場合があり，必要な配慮について，事前に保護者から情報を得ておくことが重要です。

いっぽう，過度の身体接触を行う子どももいます。例えば，力の入れ加減がわからず，強い力で握手してしまう子どもです。デモンストレーションなどで，教師がその子と握手の練習を行い，力加減を教えることが大切になります。

エクササイズにみんなと同じように参加できないことが，仲間はずれやいじめの芽につながることは，最も避けなければならない事態です。教師は子どもの特性を理解したうえで，当人への支援を行うことが大切です。同時に，一人一人の違いを認め合う指導を継続していくことが欠かせません。

「スキンシップを伴うあいさつ」のバリエーション

　異性同士の握手に抵抗を示す場合や，身体接触の苦手な子がいる場合でも，比較的，抵抗が少なく行える，スキンシップを伴うあいさつのバリエーションを三つ紹介します。学級開きのほか，学期明け，行事の前後など，バリエーションを変えて行ってもいいでしょう。

◆アウチでよろしく！

【やり方】教室を自由歩行し，目の合った人と，人差し指同士でふれあう。同時に，「よろしく」の意味をこめて「アウチ！」と言う。

【解　説】思春期のさなかで，異性間での握手がむずかしい場合や，身体接触が苦手な子どもにも，抵抗が少ないと考えられるエクササイズです。

※エクササイズの由来：映画『ET』で，少年とET（宇宙人）が，指を合わせて「アウチ」（「いつまでも君の心に」という意味がこめられている）というシーンから。

◆ハイタッチでイエイ！

【やり方】教室を自由に歩行し，目の合った人と，頭上で手のひらを合わせ，「よろしく」や「がんばったね」の気持ちをこめて「イエイ！」という。

【解　説】思春期のさなかで，異性間の握手がむずかしい場合でも，接触の時間が短いハイタッチは，比較的，抵抗なく行えます。

◆グータッチでやったね！

【やり方】教室を自由歩行し，目の合った人と握ったこぶし同士を軽くふれ合わせて，「やったね！」と言う。

【解　説】グータッチは，野球などのスポーツ選手がチームメイトの健闘をたたえるときによく行っています。学校では行事後，「ウイアーザチャンピオン！」「ユーアーヒーロー（ヒロイン）！」など互いのがんばりをたたえ合うかけ声にすると盛り上がるでしょう。

引用参考文献：國分康孝・國分久子総編集『構成的グループエンカンター事典』図書文化，2004

第2章　いじめ対応に生かすエンカウンター

X先生を知る
イエス・ノークイズ

◆ねらい
クイズを通して行われる担任の自己開示によって，教師の人となりや価値観を知り，信頼関係を深める。

いじめや命の大切さについて，考えさせるために，ここではあえて教師の喪失体験をクイズに加えている。

種類
他者理解

時間
20分

対象
小学生以上

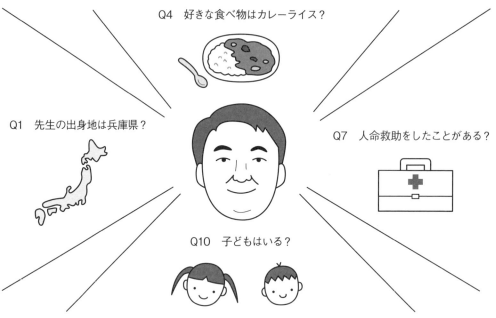

Q4　好きな食べ物はカレーライス？
Q1　先生の出身地は兵庫県？
Q7　人命救助をしたことがある？
Q10　子どもはいる？

◆手順
・4～6人組になる。クイズの答えを記入するシートを各班に配る。
・クイズを行い，全問終了後，答え合わせをする。一問ずつ答えを言いながら教師自身が自己紹介する。
・最後に，教師が最も伝えたい，深い自己開示を伴う答えを言い，クラスの子どもたちに対する思いを伝える。
・感じたこと，気づいたことを語り合う。
・いまの気持ちをふりかえりシートに記入する。

◆ねらいとなる気づきの例
・先生のことがよくわかった。
・つらいことがあったのに，先生はいつもニコニコしていてすごい。どうしてなのかもっと知りたいと思った。
・ぼくの妹も小さいときに死んでしまってとても悲しかった。妹の分まで，ぼくの命も周りの人の命も大事にしたい。
・先生が「みんなが自分の子どものよう」と言ってくれてうれしかった。

◆展開例 「X先生を知るイエス・ノークイズ」(小学校中学年の例)

場面	リーダーの指示●	留意点
インストラクション	**1 ねらいとルール,エクササイズの説明** ●今日はクイズを出します。題して「X(教師の名前)先生を知るイエス・ノークイズ」です。クイズを通して,先生のことをもっとみんなに知ってもらいたいと思います。 ●この活動で必ず守ってほしいことを説明します(略)。 ●では,4人グループになって席を寄せてください。 ●クイズを10問出します。「イエス・ノー」で答える形ですから,4人グループで相談して正解を考えて,シートに記入してください。10問終わったら,答え合わせをします。どのグループが先生のことを一番わかっているかな? いままで知らなかった先生を発見してね。	・クイズの回答用紙を各班に1枚配る。 ・説明するルールは84ページ参照。
エクササイズ	**2 エクササイズ(教師の自己開示)** ●では,最初の質問です。先生が生まれたのは兵庫県である。はい,イエスかな? ノーかな? グループで相談してシートに○をつけてください(すべてのグループが○を付けたのを確認して次に進む。以下9問まで続ける)。 ●……最後の質問です。私に子どもはいると思いますか? ●正解を発表します。一問目の正解は……(以下9問まで続ける) ●最後の問題について。イエスと思ったグループは手をあげて。ノーのグループ,手をあげて。 ●ありがとう。イエスが多かったね。正解はノーです。ほんとうは子どもはいたんだけど,2歳のときに病気で死んでしまいました。とてもつらかったです。いえ,いまでも思い出すとつらいです。いまは,みなさんを先生の子どものように思っています。みんなから毎日,元気をもらっています。 ●……では,いちばん正解が多かった1班に拍手!	・出題内容は,出身地,趣味等から教師自身の体験,命に関する話,あるいはいじめにかかわる内容(次ページ参照)へと徐々に深めていく。 教師が「ここまで語ってくれた」ことに,子どもたちは深い信頼をおぼえる。 ※喪失体験を扱う際の配慮は次ページ参照。
シェアリング	**3 感じたこと,気づいたことを語り合う** ●いまの気持ちをグループで話し合ってください。 ●今日は先生のことを知ってもらうためにクイズを行いました。最後の問題は,先生にとって一番つらい出来事で,ほとんど人に話すことはありません。でも,今日は勇気を出してお話ししました。学級のみんなが,先生にとってどれだけ大切な存在かを知ってもらうことができたらうれしいです。 ●いまの気持ちを,ふりかえりシートに記入してください。	・この体験を語った意味,一人一人がかけがえのない大切な存在であることを伝える。 ・ふりかえりシートを回収し,ケアの必要な子には個別対応する(次ページ参照)。

引用参考文献:國分康孝監修『エンカウンターで学級が変わる 中学校編』p96-97,藤川章,図書文化,1996

第2章　いじめ対応に生かすエンカウンター

「X先生を知るイエス・ノークイズ」解説と留意点

◆**エクササイズ解説**

教師の究極の自己開示

　子どもたちに傷つけ合う言動がみられたときなど，ここぞという場面で勝負をかけて行うSGEでは，教師の心からの自己開示も一つのカギになります。

　本展開例のような喪失体験を話すことは，教師にとっても勇気のいることです。本事例を提供してくださった先生も，かつてここまで深い自己開示をしたことはなかったと言います。しかし，命について子どもたちに真剣に考えさせたいと願ったとき，自分の体験を伝えることには意味があるのではないかと決心されたそうです。エクササイズ終了後，いっせいに走ってきた子どもたちに取り囲まれた先生は，「深い部分で心がつながり，学級が一つになれた」と実感されたそうです。

　教師の体験にふれた子どもたちは，愛する人を失う悲しみ，自他の命のかけがえのなさに思いをはせたことでしょう。そして，悲しみを抱えながらも，日常をしっかり生きている教師の言葉は，重みをもって子どもたちの心に響いたに違いありません。教師のありようが，命の教育につながった例です。

◆**実施上の留意点**

(1)　**いじめ予防を意識した出題を**

　いじめ予防として行う場合には，クイズの出題内容がポイントになります。例えば，教師自身のいじめにかかわる体験を語るのです。「先生は5年生のとき，いじわるな言葉をかけられていたことがあります。でも，友達が『やめなよ！　そんなことを言われたら，自分もいやでしょう』と言ってくれました。その力強い言葉でいじめはなくなりました。それから先生も，いじめられている子がいたら勇気をもっていじめを止めることができるようになりました」というように。ただし，いじめが実際に起きている学級では，いじめにかかわる内容を取り上げると，ダメージを受ける子どもが出る可能性があるため，細心の注意が必要です。

(2)　**喪失体験のある子どもへの配慮を**

　本実践では，命の大切さを伝えるために喪失体験を扱いましたが，このように子どもの心を揺さぶるケースでは，エクササイズのねらいと内容を，学級通信などで保護者に伝えておく必要があります。個別に配慮の必要があれば事前に知らせてもらい，家庭でも子どもの様子に留意してもらうためです。

　学級の中には，親しい人が亡くなった経験をもつ子どもがいて，強い悲しみがフラッシュバックすることがあります。また，死というものに初めて向き合い，恐れを覚える子どもがいるかもしれません。反対に，教師の究極の自己開示に誘発され，子どもがいままで押さえ込んでいた悲しみが，昇華される場合もあります（カタルシス）。教師はエクササイズ中，注意深く子どもの様子を観察し，子どもをケアすることが必要になります。また，ふりかえりシートに「私のおじいちゃんも最近亡くなって，それを思い出して，涙があふれました」などと書かれていた場合も，個別に話を聴くなどのケアを行います。

「X先生を知るイエス・ノークイズ」学級開きでの活用

　本エクササイズは，実践のねらいに合わせてクイズの出題内容を変えることで，さまざまな場面で活用が可能です。93ページでは「命の教育」をねらいに深い自己開示を取り入れた例を紹介しましたが，一般的には，教師と子どものリレーション形成を目的に，学級開きで行う場合のほうが活用場面は多いでしょう。

　新しい環境で，子どもたちは不安な気持ちをもっています。まず学級担任が，自分自身についてウイークポイントもまじえながら楽しく語ると，子どもは教師に対して信頼・安心を感じることができます。これは学級の人間関係づくりの第一歩になるとともに，いじめ予防の第一歩でもあるのです。

◆エクササイズ内容──担任への信頼感，安心感を養う

　学級開きで行う場合の出題内容は，出身地や家族構成，趣味，特技の話など，子どもたちが身近に感じられる話題がよいでしょう。答え合わせでは，具体的なエピソードを交えて楽しく語ることがポイントです。

　例えば，「では問題です。先生は小学生のとき，ランドセルを学校に忘れたことがある？」……「正解はイエスです」「放課後，友達と夢中で遊んでいて，うっかりランドセルを忘れて家に帰ってしまい，お母さんに『ランドセルは？』と聞かれてはじめて教室に置き忘れたことに気がつきました。先生はおっちょこちょいなところが玉にきずです」など，教師が自身の失敗談やウイークポイントも語ります。

　「この先生は親しみやすいな」「信頼できそうだ」「失敗してもいいんだ」「ありのままの自分を受け入れてくれそうだ」などと，最初の段階で子どもたちが担任に信頼を感じ，教室は安心・安全な場所であるという実感を得られることが大切です。

◆アレンジ──子どもの自己開示につなげる

　エクササイズの最後に，次回は子どもたちに自己紹介してもらうことを予告し，子どもたちの自己開示を促進するのも一案です。

　「先生のことをわかってもらったところで，みなさんのことも教えてほしいと思います。次の朝の会から，みなさん一人一人についてのイエス・ノークイズを行っていきましょう。1人3問にします。自分のことをみんなに知ってもらうためのとびきりのクイズを考えてきてくださいね」などとつなげてもよいでしょう。

他己(たこ)紹介

◆ねらい
ペアになった相手を他の人に紹介する活動を通して,自他理解を促進し,相手との親和性を高める。保護者会での人間関係づくりにもおすすめ。

種類
他者理解
自己理解

時間
30分

対象
小学生以上

互いの話を聞く → 相手を紹介する

- 私の好きな本は…
- Aちゃんとちゃんと話すの初めてかも
- Aさんは私と同じでミステリーが大好きで…

侵襲性が少ないエクササイズのため,いじめ予防のほか,いじめが収まった後の中長期対応等でも繰り返し活用できる。

◆手順
- デモンストレーションで,教師が自己開示しながらモデルを示す。
- 2人組で,互いに自己紹介し合う。
- 4人グループになり,他メンバーにペアの人を紹介する(次にグループ同士をつけて,人数をふやして紹介し合ってもよい)。
- 感じたこと,気づいたことを語り合う。

◆ねらいとなる気づきの例
- ○○さんの好きな本,私と同じ。いままであまり話したことなかったけれど,友達になりたいな。
- みんなの意外な面がわかって楽しかった。
- 心をこめて自分のことを紹介してもらえてうれしかった。

❹ いじめ防止教育に役立つ SGE エクササイズ

◆展開例 「他己紹介」(小学校中学年の例)

場面	リーダーの指示●	留意点
インストラクション	**1 ねらいとルール，エクササイズの説明** ●今日は，ペアになった相手の人のことを紹介する「他己紹介」という活動をします。 ●まず，活動で必ず守ってほしいことを説明します（略）。 ●最初にペアで，2分ずつお互いの話を聞き合います。テーマは，①好きな（おすすめの）本，②なぜその本が好きか，③好きな言葉，④なぜその言葉が好きか，⑤いま一番したいことの五つです。 ●次に二つのペアが一緒になり，聞いた話をもとに自分のペアの相手を他の2人に紹介します。「〇〇さんを紹介します。好きな本は〜です。理由は〜からです」というぐあいです。 **2 デモンストレーション（モデリング）** ●まず，私（A先生）とB先生でやってみます（B先生が①〜⑤の内容を自己紹介する）。 ●では，私がB先生を紹介します。B先生の好きな本は『100万回生きたねこ』（佐野洋子，講談社）です。その本が好きな理由は，この本を読んで1回きりの人生を大切にしたいと思ったからです。好きな言葉は，仲間です。その言葉が好きな理由は，いままでの人生で何度も仲間に助けてもらったからです。いま一番したいことは，仲間づくりです。いままで自分を助けてくれた仲間への恩返しもあって，教育をよくしていこうという人たちの仲間とか，いろんな仲間づくりをしたいと思っています。……B先生，いかがでしたか？ ●B先生：A先生が心をこめて紹介してくれたので，とてもうれしくなりました。	・必要に応じてメモをとれるようにする。あるいは，テーマの数を調整する。 ・説明するルールは84ページ参照。 ・子どもの実態・実践のねらいに応じてテーマを設定する。学期途中では，例えば「好きなクラス遊びは？」「落ち込んでいたときに言われてうれしかった言葉は？」など。子どもたちに傷つけ合う言動がみられたときには，人間関係で気をつけていることなど人間関係の構築・維持の留意点をテーマにしてもよい。 ・教師同士がペアでモデリングを行う。
エクササイズ	**3 エクササイズの実施** ●では，まずペアになって①〜⑤について自己紹介し合います。時間は2分です。 ●次に，グループメンバーに，ペアの人を紹介し合いましょう。時間は1人2分です（交代して4人が行う）。	・時間は，子どもの発達やクラスの実態等により1〜3分に設定。
シェアリング	**4 感じたこと，気づいたことを語り合う** ●感じたこと，気づいたことを語り合いましょう。 ●これをきっかけに，相手のことをさらによく知り，みんなと仲よくなれるといいですね。	

引用参考文献：國分康孝監修『エンカウンターで学級が変わる 小学校編』p160-161, 向井知恵子, 図書文化, 1996

第2章　いじめ対応に生かすエンカウンター

ぼく，私のヒーロー・ヒロイン

◆ねらい
好きなヒーロー・ヒロインを紹介し合う活動を通して，友達との意外な共通点を見つけ，交流するきっかけとする。

人間関係が固定化してきた学級で，メンバーを入れかえて繰り返し行う。
共通点をきっかけに小グループを超えた交流が生じる。

種類 他者理解

時間 5分

対象 小学生以上

◆手順
・活動を予告し自分の好きなヒーロー・ヒロインをカードに記入しておく。
・デモンストレーションで，教師が自分のヒーロー・ヒロインを自己開示する。
・「ヒーロー・ヒロインカード」をもとに，ペアで紹介し合う（時間がとれる場合は，4人グループで行うのも可）。
・感じたこと，気づいたことを語り合う。

◆ねらいとなる気づきの例
・○○さんとあまり話をしたことがなかったけれど，同じ□□が好きだった。今度，お話ししてみよう。
・ぼくの好きなヒーローはだれも知らなかったけど，どうして好きなのか一生懸命聞いてもらえてうれしかった。
・先生のヒーローは「アンパンマン」って言ったけど，話を聞いてぼくも同じかなって思ったよ。

❹ いじめ防止教育に役立つSGEエクササイズ

◆展開例 「ぼく，私のヒーロー・ヒロイン」（小学校低学年の例）

場面	リーダーの指示●	留意点
インストラクション	**1 ねらいとルールの説明** ●先生は元気が出ないとき，好きな主人公が活躍する物語を読んだり，好きな俳優が出ている番組を見たりして元気をもらいます。みんなにもそういうヒーロー・ヒロインがいますか？ 今日は，自分の好きなヒーロー・ヒロインについて，友達と紹介し合いたいと思います。 ●この活動で必ず守ってほしいことを説明します（略）。 **2 デモンストレーション（教師の自己開示）** ●先生の好きなヒーローは，アンパンマンです。アンパンマンは，困っている人がいたら，すぐに駆けつけ助けてあげるスーパーヒーローです。 ●なぜ好きかというと，まず正義感が強いところです。それに，アニメの中だけではなく，震災後など，ほんとうに困っている人を勇気づけ励ましてきたからです。『アンパンマンのマーチ』の歌詞にはこうあります。『何のために　生まれて　何をして　生きるのか　答えられないなんて　そんなのはいやだ』『そうだ　おそれないで　みんなのために　愛と　勇気だけが　ともだちさ』――震災で大変な思いをした多くの人たちが，「生きる」ことを称えたこの歌詞のひとことひとことに励まされたのです。そんなアンパンマンは，ほんとうのヒーローだと思っています。	・前日にカードを配布して記入させるなど，話せない子が出ないように配慮する。 ・説明するルールは84ページ参照。 好きな理由をていねいに自己開示する。正義感が強いなど，いじめ予防につながる価値観にふれる。 ・子どもから出るのはアニメの登場人物が多い。教師も人気のヒーロー・ヒロインをあげて子どもと親近感を高めることもできる。
エクササイズ	**3 エクササイズの説明と実施** ●活動はペアで行います。話す内容は三つです。①自分の好きなヒーロー・ヒロインはだれか（カードの絵や写真を見せながら），②どんなヒーロー・ヒロインなのか，③なぜ好きなのかです。相手のヒーロー・ヒロインが自分の知らない人だった場合は，どんなところが好きなのか話をしっかり聞いてください。時間は1人1分30秒です。では，はじめ！	・時間がとれる場合は，4人グループも可。 ・共通の話題から，友達の輪を広げる。 ・少数意見，多様性を大切にする。
シェアリング	**4 感じたこと，気づいたことを語り合う** ●ヒーロー・ヒロインが同じだったペアはいますか？ 違ったペアは？ 相手のヒーロー・ヒロインを知ることができてよかったね。明日は違うペアで同じ活動を行いましょう。	・違う相手と繰り返し行うことで，交流を広げるきっかけとする。

引用参考文献：國分康孝監修『エンカウンターで学級が変わる ショートエクリサイズ集2』p130-131，住本克彦，図書文化，2001

『アンパンマンのマーチ』（作詞：やなせたかし／作曲：三木たかし）JASRAC出1903656-901

第2章　いじめ対応に生かすエンカウンター

いいとこ探し

◆ねらい
それぞれの人のよさを見つけて，他者を肯定的に受け入れる。互いのよさをフィードバックし合うことで，自尊感情を高める。

互いのよさに気づき，違いを認め合う学級づくりのための鉄板のエクササイズ。
ある程度，お互いのことがわかってきた，2学期以降がおすすめ。

種類
自己理解
他者理解

時間
40分

対象
小学生
以上

一緒にいると楽しいって言われてうれしい！

◆手順
・デモンストレーションで，教師がいいところを言ってもらった経験を自己開示する。
・4人グループになり，「いいとこカード」に自分の名前を書く。
・付箋にメンバーのいいところを書く（付箋1枚に一つ，1人につき三つずつ）。
・グループでいいところを発表し合う。
・感じたこと，気づいたことを語り合う。

◆ねらいとなる気づきの例
・いいところをたくさん書いてもらってうれしい。
・自分では気がつかなかった部分を，いいところと言ってもらえてうれしかった。
・友達の新たな長所に気がついた。
・私も，友達のいいところをもっと見つけられるようになりたいな。
・水泳でバディを組んだときのことをお互いにあげていて，うれしかった。

❹ いじめ防止教育に役立つ SGE エクササイズ

◆展開例 「いいとこ探し」（小学校高学年の例）

場面	リーダーの指示●	留意点
インストラクション	**1 ねらいの説明（教師の自己開示）** ●最初に私（住本）の体験をお話しします。私が自信をもてずにいた6年生のとき，担任の先生がみんなの前でこう言ってくださったのです。「住本君のこの作品を見てください。夏休みの間，1日も休まず日の出と日の入りの観察をして作ったものです。継続は力なりのこの作品は，理科室に掲示して後輩のお手本にします」——先生は自信がもてない私の様子を見て，いいとこ探しをしてくださったのです。このときから私は何事にも一生懸命取り組むようになりました。恩師から教えていただいた，いいところを探すことの大切さ，継続することの大切さは，いまも私の心に刻まれています。 ●自分のいいところは，案外自分では気づかないものです。そこで，今日は，友達によいところを教えてもらいます。 **2 エクササイズとルールの説明** ●班の人のいいところを1人につき三つ考えて1枚の付箋に一つずつ書きます。例えば「字がきれい」「友達が多い」「頼りになる」などです。 ●この活動で必ず守ってほしいことを説明します（略）。	・いいとこカードといいとこ探しカード（A3程度の用紙），ある程度の分量の文字が書ける大きさの付箋紙（1人9枚）を配布。 〔エピソードの自己開示で，いいところを言ってもらうことのうれしさを伝える。〕 ・生活班，行事の班など日常のかかわりのあるグループで行う。 ・全員が同じ枚数をもらえるように配慮する。 ・ルールの説明は84ページ参照。
エクササイズ	**3 エクササイズの実施** ●「いいとこカード」に自分の名前を，「いいとこ探しカード」に班の人の名前を書きます。次に，「いいとこ探しカード」の班の人の名前の横に，付箋を3枚ずつ貼ってください。 ●合図で，シートの1番目の人，2番目の人……というぐあいに，順によいところを付箋に書いていきます。はい，はじめ。 ●発表です。まず1番の人のカードを真ん中に置き，「Aさんのいいところは○○と△△と◇◇です。それは……からです」と順番に発表して，付箋を貼ります。同じ内容の人は，「同じです」と言って付箋を隣に貼ります。では，はじめ。 ●時間です。次は2番の人です（同様に4番目まで発表）。 ●自分のカードをよく眺めて，よさを味わいましょう。	・「いいところ」の例を具体的に板書しておく。 ・書けない子どもには，教師が個別にアドバイスする。 ・「いいとこ探しカード」から付箋をはがし，相手の「いいとこカード」に貼る。 ・時間は，子どもの発達の実態により調整。 ・自尊感情を高める。
シェアリング	**4 感じたこと，気づいたことを語り合う** ●いま感じたこと，気づいたことを発表し合いましょう。 ●みなさんのよさについて，先生も新しい発見がたくさんありました。これからも，お互いのよい面をたくさん見つけ，一人一人のよさが生きる学級にしていきたいですね。	・付箋がはがれないようテープ等で止めたあと，カードを集める。教師も各自のよいところを書いて返却する。

引用参考文献：國分康孝・國分久子総編集『構成的グループエンカウンター事典』P408-409，品田笑子，図書文化，2004

第2章　いじめ対応に生かすエンカウンター

ぼく，私のなりたいもの

◆ねらい
将来の夢や希望を語り合う体験を通して，自己肯定感を高めることで，「目的地に向けていまをどう生きるか」を考えるきっかけとする。

種類
自己受容
他者理解

時間
20分

対象
小学生
以上

夢や希望をもてずに，短い時間軸のなかで，刹那的に生きている子どもが，将来に目を向けるきっかけとする。

「ぼく，私のなりたいもの」
　　　氏名＿＿＿＿＿＿＿

ぼく，私が将来なりたいものは
＿＿＿＿＿＿＿＿＿＿＿＿＿＿です。

① どうしてその仕事につきたいのですか。

② その仕事につくために必要なことは何ですか。

③ その仕事につくために，いま，できることは何ですか。

◆手順
・デモンストレーションで，教師自身が「教師になった理由」を自己開示する。
・各自ワークシートに記入する。
・各グループ（4〜6人）で自分の就きたい仕事について紹介し，いますべきことを話し合う。
・感じたこと，気づいたことを語り合う。

◆ねらいとなる気づきの例
・将来，レスキュー隊に入りたい。そのためには……いまゲームばかりしていたらダメかもなあ。
・○○さんは，「獣医」という具体的な夢に向けてがんばっているんだ。見習いたいな。
・将来のことを考えると，「いま」って大事な時期なんだな。

❹ いじめ防止教育に役立つ SGE エクササイズ

◆展開例　「ぼく，私のなりたいもの」（中学生の例）

場面	リーダーの指示●	留意点
インストラクション	**1　ねらいの説明** ●将来どんな仕事がしたいか，考えたことはありますか？　今日は，いろいろな仕事について知ったり，ほかの人の考えを聞いたりすることで，進路を考えるキッカケにしたいと思います。 **2　デモンストレーション（教師の自己開示）** ●先生は大学時代，一般企業に勤めようと思いましたが，尊敬している父の「教師が向いていると思う」という言葉に背中を押されて教師の道を選びました。先生の仕事はやりがいがあるし，先生になってなかったらみんなと出会うこともなかったので，この道を選んでよかったと思います。思い返すと先生の中学生時代の夢は熱血教師になることでした。熱血教師になるには，生徒の心に寄り添うことが大事だと思い，心理学の勉強もしました。それがいまにつながっていると思います。 ●いろいろな夢を思い描くのは楽しい作業です。今日はそれに加えて，もしその仕事に就くなら，「いま」どうすればいいかについて考えてみたいと思います。 **3　エクササイズとルールの説明** ●将来就きたい仕事や興味のある仕事をワークシートに記入します。①その理由を記入します。②その仕事に就くために必要だと思うことを記入します。③最後にその仕事に就くためにいま自分ができることを記入します。 ●書き終わったら，4人グループで発表し合います。 ●今日の活動で，必ず守ってほしいことを説明します（略）。	・ここでは，できるだけ多くの可能性に目を向けさせたい。 教師の体験や職業観を語ることがモデルになる。 ・どんな仕事があるか，資料を準備しておく。例：『新13歳のハローワーク』（村上龍，はまのゆか，幻冬舎） ・自由記述がむずかしい場合は，ワークシートに職種を示し，選択式にする方法もある。 ・説明するルールは84ページ参照。
エクササイズ	**4　エクササイズの実施** ●では，ワークシートに記入しましょう。時間は3分です。 ●次に，グループで発表し合います。発表の仕方の例を示します。「ぼくがなりたいのはレストランのシェフです。①おいしい料理を作ってみんなが幸せな気持ちになってほしいからです。②シェフになるには料理の勉強が必要です。③いまは，お母さんの料理の手伝いをしようと思います」という感じです。時間は5分です。では，はじめ！	・書けない子どもには個別にアドバイスする。 ・発表の仕方の簡単な例を示す。
シェアリング	**5　感じたこと，気づいたことを語り合う** ●感じたこと，気づいたことを，語り合いましょう。 ●いろいろな夢がありましたね。なりたい仕事は変わっていくこともあると思います。数カ月後に同じエクササイズを行いましょう。	・複数回行うことで，就きたい仕事が明確になってくる。

第2章 いじめ対応に生かすエンカウンター

トラストウォーク
(信頼の目隠し歩き)

◆ねらい

思いやりややさしさを受け止める体験をする。信頼体験がねらいだが，完全に信頼することのむずかしさも味わう。共感性を高め合うことでいじめ予防になるエクササイズ。

人に対して自分がどんな接し方をしているのかを体験的に確認できる。
「拒否・受容ワーク」の前段階として行うとよい。

種類
信頼体験

時間
20分

対象
小学生
以上

(けっこうこわいなあ) (とにかくゆっくり…) (相手に合わせて…) (信頼してれば大丈夫！)

◆手順

・教師同士でモデリングを行う。
・活動上の注意事項を説明する。
・2人組になり，1人は目を閉じ，1人が室内を案内する。両者とも声は出さない。
・誘導される人はできるだけ相手に身を任せ，誘導する人は，相手が不安にならないよう誘導する。役割を交代して行う。
・感じたこと，気づいたことを語り合う。

◆ねらいとなる気づきの例

・信用しているつもりでも，少し怖かった。相手を100％信用するってむずかしい。
・最初，怖くて歩けなかったら，腰を軽くポンとたたいて「大丈夫」のサインを送ってくれたので安心した。うれしかった。
・誘導してくれる人のやさしさが身にしみた。私が誘導したとき，○○さんは安心してくれたかな？

❹ いじめ防止教育に役立つ SGE エクササイズ

◆展開例 「トラストウォーク（信頼の目隠し歩き）」（小学校高学年の例）

場面	リーダーの指示● メンバーの反応☆	留意点
インストラクション	**1 ねらいの説明** ●今日の活動のタイトルは「信頼の目隠し歩き」です。 ●相手を信頼して身を任せること，相手に思いやりをもって接する体験を行うのがテーマです。 **2 デモンストレーションとエクササイズおよび注意事項の説明** ●最初に先生とA先生で見本をやってみます。よく見ていてください。 ●1人は目を閉じもう1人は相手の手をひいて，室内を1周します。2人とも声は出しません。誘導する人は，どうしたら不安に思わずに歩けるか，相手の気持ちを考えながら案内してください。誘導される人は相手にどれだけ身を委ねられるか体験しましょう。1人が終わったら役割を交替して同様に行います。 ●注意事項です。歩く場所は教室の中だけで廊下には出ません。段差のある場所には連れていかないこと。目をつぶるのがどうしても怖い場合は目をあけてもかまいません。他のペアにぶつかったり転んだりしないよう注意して行いましょう。	・活動範囲を限定し障害物を取り除く，TTで行うなど安全上の配慮を十分に行う。 ・思春期以降は同性ペアとし，ペアの身長差なども考慮する。 ・信頼体験がねらいなので，アイマスク等は使用せず，怖いときは目を開けられるようにしておく。 ・バランス感覚に課題のある子には，特に配慮が必要。
エクササイズ	**3 エクササイズの実施** ●案内役と案内される役，どちらが先に行うか決めてください。……準備はいいですか？ ……では，はじめ！ ●終了です。役割を交代します。2回目を行います。はじめ！	・時間は3〜5分。様子を見て調整する。 ・危険がある場合やふざけている場合には介入する（安全第一）。
シェアリング	**4 感じたこと，気づいたことを語り合う** ●二つのペアが一緒になって，4人組をつくります。 ●感じたこと，気づいたことをグループで話し合いましょう。 ●目を閉じて誘導されたとき，誘導したとき，それぞれどうでしたか？ 感想を全体にも発表してください。 ☆誘導される人の気持ちになろうと思ったけど，相手の身になるのは，とてもむずかしかった。 ☆やさしく誘導してくれたのに，ふと不安になって，人を信頼することのむずかしさを感じました。だからこそ，100％信頼できたときはどんなにうれしいだろうって思いました。 ●手を引いてリードする人，後ろからそっと寄り添う人，誘導の仕方にも一人一人の持ち味が表れていたと思います。	真の共感のむずかしさ，「それでもわかり合いたい」という，ねらいに結びつく感想を特に共有する。

引用参考文献：國分康孝監修『エンカウンターで学級が変わる ショートエクササイズ集』p78-79，林伸一，図書文化，1999

第2章　いじめ対応に生かすエンカウンター

私の話を聴いて
（拒否・受容ワーク）

◆ねらい
気持ちが通じることの喜び，心がふれあうことのうれしさを体験する。拒否される立場のつらさ，受容される立場の喜びを実感させることで，受容し合えるクラスづくりをめざす。

話の聴き方の練習のなかで，対話を拒否されるつらさが体験的に理解できる。

種類
感受性の促進

時間
30分

対象
小学生以上

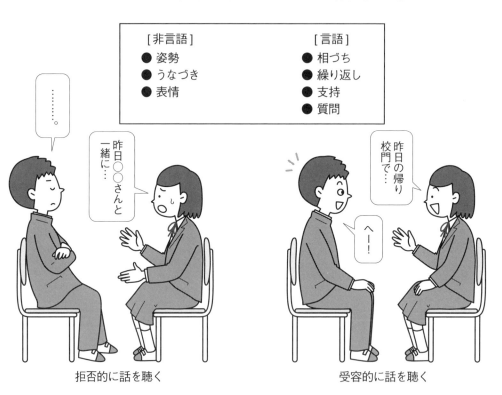

拒否的に話を聴く　　　受容的に話を聴く

◆手順
・教師が深い自己開示をしながら，ねらいを説明する。
・教師2人がモデリングを行う。
・2人組になり，拒否される体験・受容される体験を行う。
・役割を交代して同様に行う。
・感じたことをグループで話し合う。
・感じたことを全体に発表する。

◆ねらいとなる気づきの例
・拒否されるのはつらい。自分がいらないように感じる。
・「どうしたの？」と目を見て聴いてもらえると，とてもうれしい。
・嫌なことがあったときは，自分もぶっきらぼうになる。相手が拒否されたと思わないように気をつけようと思った。

❹ いじめ防止教育に役立つSGEエクササイズ

◆展開例 「私の話を聴いて（拒否・受容ワーク）」（中学生の例）

場面	リーダーの指示● メンバーの反応☆	留意点
インストラクション	**1 ねらいとルール，エクササイズの説明** ●友達に話しかけて返事をしてもらえなかった経験のある人はいますか？ うっかり無視してしまった体験のある人は？ ●先生は中学生のとき，友達が急に口を利いてくれなくなったことがあります。大人になって，同窓会でそのときの話をしたら，「あのときは，君のほうが先にぼくの話を無視したから，ぼくのことを嫌になったと思ったんだ」と言われました。 ●たしかに思い起こすと，当時いやなことがあって，冷たい聴き方をしてしまったかもしれません。そんなつもりがなくても，相手にはとてもショックだったんだなと反省しました。 ●そこで，今日は二つの話の聴き方を体験してみましょう。 **2 デモンストレーション（モデリング）** ●まず，Ａ先生とＢ先生がやってみます。 【拒否の体験】教師Ａ「ねえ，聴いて！ いつも一緒に帰っていた□□ちゃんが，最近先に帰るようになって……」教師Ｂ（振り向きもせず無視する）教師Ａ「ねえ，聴いてる？ 私何か悪いことしたのかなあ」教師Ｂ「ふうん（そっぽを向いて応える）」 【受容の体験】教師Ａ「ねえ，聴いてくれる？」教師Ｂ「どうしたの？」（相手を見る）教師Ａ「実はね……いつも一緒に帰っていた□□ちゃんが，最近先に帰るようになって……」教師Ｂ「うんうん（うなずきながら），それは気になるよね」	教師の過去の拒否体験を自己開示し，子どもたちが自分の日常をふりかえるきっかけにする。 ・関係が悪くない同士でペアになるよう配慮する。 ・教師２人でモデリングを行う。 ・架空の設定を示し，あらかじめ決めておいたセリフを使って行う。 ・うなずきながら聴くなど，傾聴の仕方を確認する。
エクササイズ	**3 エクササイズの実施** ●拒否の体験から始めます。時間は２分です（役割を交代）。 ●次に受容の体験です。時間は２分間です（役割を交代）。	・話し手のセリフを掲示しておく。 ・必ず，拒否→受容の順番で行う。
シェアリング	**4 感じたこと，気づいたことを語り合う** ●どんな気持ちになったか，隣のペアと４人で話しましょう。 ●感じたことを全体に発表してください。 ☆無視はつらい。「聴きたくないよ」と言葉で拒否されたほうが，無視されるよりまだいいかって思いました。 ●同じように感じた人はいますか？ ──同様にして数名に意見をきく。	・拒否されるつらさ，受け入れてもらえたうれしさを，取り上げる。

引用参考文献：國分康孝・國分久子総編集『構成的グループエンカウンター事典』p480-481, 鹿嶋真弓, 図書文化, 2004

ライフライン
(人生曲線)

◆ねらい
人生を俯瞰することで，自己を再発見する。あるがままの人生を受け入れ，新たな自分を生きる意欲をもつ。

種類 自己受容

時間 40分

対象 小学生以上

◆手順
- デモンストレーションでは，教師が深い自己開示を行う。
- 自分自身が生まれてからいま（現在）までを曲線（折れ線）で表す。その中で，大きな出来事にタイトルをつける。
- グループ（3～4人：深い自己開示になるため，人数は制限する）で，よかったこと，つらかったことを発表し合う。
- 感じたこと，気づいたことを語り合う。
- ふりかえりシートに自由記述する。

◆ねらいとなる気づきの例
- みんな，何かしらつらい思いをしているけれど，それを乗り越えて，いま元気にがんばっているんだな。
- ○○さんはすごくつらい体験をしたんだ。話しずらいことを信頼して私たちに語ってくれた。そんな思いに応えたい。
- 自分だけがつらいわけではないことがわかった。
- いろいろな人たちの支えがあって，いまの自分が元気でいられるんだ。

◆展開例 「ライフライン（人生曲線）」（中学生の例）

場面	リーダーの指示●	留意点
インストラクション	**1 ねらいの説明** ●今日の活動のねらいは，「人生を見つめる」です。 **2 デモンストレーション（教師の自己開示）** ●これ（見本）を見てください。先生が，それぞれの年齢のときの自分を思い出しながら，自分の人生を1本の折れ線グラフにしたものです。ライフラインといいます。 ●この曲線の下がっている箇所に，私（住本）は「父との出会い」というタイトルをつけました。実はこのとき父が亡くなったのです。長男の私は喪主（葬式を取りまとめる人）を務めました。亡き父を火葬場まで運んだとき，親族ではないAさんが私に「棺を担がせてください」と申し出てくださったのです。私はこう思いました。親父は人様から「棺を担がせてください」と申し出ていただけるほど深いおつきあいをしていたのか。自分の告別式で何人の教え子がそう言ってくれるだろうか。おそらく一人もいないだろう，と。私は，Aさんの言葉の重みを実感するとともに，多忙で父子の思い出も少なかった父に対して「人様から棺を担がせてくださいと申し出てもらえるような深い生き様をしていた父。ああ，これが父の人生だったのか。親父と出会えたなぁ」と実感できました。そこでこのタイトルをつけたのです。	※保健室など，限られた小人数のメンバーでの実施を想定。 教師の自己開示が深いほど，教師の真剣さが子どもたちに伝わり，本エクササイズに取り組む心構えができる。
エクササイズ	**3 ルールとエクササイズの説明と実施，ルールの確認** ●ワークシートに，よかったことを上，つらかったことを下として，自分が生まれてから現在までを1本の曲線に表します。 ●大きな出来事があった位置に番号をつけ，それぞれにタイトルをつけましょう。 ●ここで活動のルールを確認しましょう（略）。 ●互いのライフラインを紹介し合いましょう。よかったこととつらかったことを一つずつ紹介しましょう。1人3分です。	・ワークシートを配布。 ・ワークシートの横軸に，生まれてからいままでの年齢を等間隔に記入。 ・説明するルールは84ページ参照。
シェアリング	**4 感じたこと，気づいたことを語り合う** ●感じたこと，気づいたことを語り合いましょう。 ●ふりかえりシートに，思ったことを自由に記述してください。 ●今日は，お話するのに勇気がいることもあったと思います。みなさんの人生を聞かせてくれてありがとう。 ●最後に，今日の話は「この場限り」とすることを約束してください。	・シートは回収し教師がコメントを返す。 ・最後に守秘義務について再確認する。

引用参考文献：『心のライフライン』河村茂雄，誠信書房，2000

「ライフライン（人生曲線）」解説と留意点

◆エクササイズ解説

場合によっては「よいときのみ」を取り上げて交流を

「ライフライン」は、非常に深いエクササイズです。人生を扱うので、つらい出来事も思い起こします。学級に受容的な雰囲気がない場合や、先生のカウンセリングスキルが伴わない場合には、慎重に実施する必要があります。

そのため、本実践のように、保健室などで個別や小集団で行う場合もあります。また、集団で行うときには、「よいときのみを取り上げて交流させるほうがよい」とおっしゃる先生もいます。

しかし私（住本）は、可能であれば、「つらいとき」もあるがままに人生直線を描き、それを他者に伝える体験ができるといいと思っています。

「ああ、〇〇さんはそんなにつらい体験をしたんだ」「ふだん、人には言えない悲しい思いを、いま私たちに語ってくれたんだ」「大変なのは私だけではなかった」——子どもたちは、きっとこんなふうに思うでしょう。

いっぽう、つらい体験を話した子どもも、仲間に話せることで、そして共感してもらうことで、はじめてそんな自分を受け入れられるかもしれません。——そこには、「深い共感」がとりもつ新たな人間関係が生まれます。

◆実施上の留意点

悲しみがよみがえったときのアファメーション

私は、このエクササイズを不登校の子どもに数多く実践してきましたが、そのたびに、非常につらい人生を送っている子どもが少なくないことを思い知らされました。

つらすぎてライフラインが描けない子どももいます。その場合は「そこまで真剣にエクササイズに向かい合ったんだね」と認めます。

なかには、つらいばかりのライフラインを描き、「いいことなんて何一つない。どうせ私なんて……」などと言う子どももいます。こんなとき、私は次のようにフィードバックします。

「そうか、そういうライフラインだったんだね……。あなたはそのつらい人生を乗り越えてきたからこそ、いまここでこうやって元気に授業を受けてくれているんだよね……。これは先生の提案なんだけど、よかったら、そんな自分自身をほめてあげたらどうかな」

実際に決断するのは本人ですが、アファメーション（自分自身への勇気づけの言葉かけ）を提案するのです。

その子の過去を変えることはできませんが、つらい過去を含めて自分を丸ごと認めることが、新しい自分を生きる原動力になるのです。

子どもの「深い自己開示」からわかること
「ありのままでよい」という自己受容と
「ありのままを出しても大丈夫」という安心感

　SGEのエクササイズを実施するなかで，ときに，子どもたちが思いもかけない自己開示をしてくれるときがあります。ここでは，事例を二つ紹介しましょう。

◆「ライフライン」での深い自己開示

　ある高等学校で，全校生徒を対象に「ライフライン」を実施したときのことです。みんなが人生曲線を描き終わったところで，「自分のライフラインを発表してくれる人は？」と聞き，挙手した生徒数人が発表してくれました。そのなかのある男子生徒が急にこう言ったのです。「この曲線が落ち込んでいるところ。ここで，ぼくはいじめられました」と。「そんなことを全校生徒の前で言ってもいいの？」と私（住本）が驚いて聞くと，「大丈夫です」と言います。

　そこで私は，彼の人生曲線が，そこを底辺に上がっている理由を尋ねました。するとこう言ったのです。「それはぼくが空手を習い始めたからです。実を言うと，空手をすればいじめをする人に勝てると思ったんだけど，そうではなかった。空手は僕の心を強くしてくれたんです。それで，僕の人生は上がっていったんです！」と。これは，自己受容ができているからこそできる，深い自己開示の例といえるでしょう。

◆「私の宝物」での深い自己開示

　「私の宝物」は，自分が大切に思っているもの・ことをワークシートに記入し，発表するといったSGE定番のエクササイズです。

　これを特別支援学校との交流授業で行ったときのことです。障害をもった1人の女子がこう発表しました。「私の宝物は枕です。学校でつらい思いをして家に帰ってきたとき，枕は私の涙を全部吸い取ってくれます。それで次の日，元気になって学校に行けます。だから，枕は私の宝物です」——この発表を契機に，学級が変わったといいます。

　子どもたちがこうした深い自己開示ができる大きな要因の一つは，子ども自身がありのままの自分を受け入れていること。そしてもう一つは，「この先生・学級だったら，ありのままの私を受け入れてくれる。何を言っても大丈夫」と思える安心・安全な雰囲気を，日ごろから学級担任が醸し出していることにあると思います。

それでもNOと言う

◆ねらい
断るべきときは断る——自己主張体験を通じて，NOと言える自分を味わう。

対人関係について自信をなくしている子どもが，自己主張を体験することで，自己表現することの大切さを知り，自信の回復につなげる。

種類 自己主張

時間 30分

対象 中学生以上

それでもNOと言う（セリフ例）

A「君（あなた）のそのポータブルオーディオ，今日一日貸してくれませんか？」
B「お小遣いを貯めてやっと買った大切なものなのでダメです」
A「明日には返すから。ね，お願い！」
B「だめです。君（あなた）も，小遣いを貯めて買えばいいでしょう」
A「そんなお金はないです。お願い！」
A「これはほんとうに，ぼく（私）にとって大切なものなんです。だから何回頼まれても貸せません」

◆手順
・事前に，お願いの仕方と断り方のセリフを考えて模造紙などに書いておく。
・教師2人でデモンストレーションを行う。
・ペアになり，断る役・断られる役のロールプレイを実施する。
・役割を交代して行う。
・4人グループで，感じたこと，気づいたことを語り合う。

◆ねらいとなる気づきの例
・いままでは，何かを頼まれたとき，嫌だなと思っても，受け入れてしまったときが多かったけれど，今回のように断ってもいいんだなと思った。
・いままで，断られると自分のことがないがしろにされていると思って腹が立つこともあったけれど，断るほうの立場もわかった気がする。

❹ いじめ防止教育に役立つ SGE エクササイズ

◆展開例　「それでもNOと言う」（中学生の例）

場面	リーダーの指示●	留意点
インストラクション	**1　ねらいを説明する（教師の自己開示）** ●みなさんは，ほんとうは嫌なのに友達のお願いを受け入れてしまって後悔した経験はありませんか？ ●先生が中学生のとき，おじいさんが万年筆を買ってくれました。大事な物だから貸したくなかったけれど，友達から「どうしても貸してほしい」と言われて，仕方なく貸してしまいました。すると友達が力を入れて書いてしまい万年筆の先が壊れてしまったんです。わざと壊したわけではないけれど，先生は許せない気持ちになってしまい，その友達とはそれから疎遠になってしまいました。あのとき「大事なものだから貸せない」としっかり断ることができたら，万年筆も友達も失うことはなかったのに，と後悔しています。みなさんはそんなことがないように，自己主張の体験をしましょう。 **2　デモンストレーション（教師2人で行う）** ●2人1組になり，お願いする人とお願いされる人に分かれます。お願いされる人は，相手から何度お願いされても，それを最後まで断り続けてください。 ●セリフのプリントを配ります。すべてのセリフを言い終えてもまだ時間がある場合は，続きは自分で考えてください。 ●最初に，A先生とB先生がやってみます。 （以下略。セリフは左ページ参照）	教師自身が，断るべきときに断れず，後悔した体験を語ることで，子どもたちが自分の行動をふりかえるきっかけにする。 ・セリフはプリントで配ると同時に，黒板等に掲示する。 ・本展開では共通のセリフを設定したが，各自が大事な物を設定し，断り方のセリフも考えて行う方法も可能。子どもの実態によって自由度はアレンジする。
エクササイズ	**3　エクササイズの説明と実施** ●今日の活動で守ってほしいことを確認します。 ●自己主張は自分のホンネをしっかり伝えることであって，相手を攻撃するものではありません。そこに注意して行いましょう。 ●では始めます。時間は1分です。スタート！ ●……はい，終了です。役割を交代して同様に行います。 ●……はい，終了です。 ●これで役は終わりです。お互いに拍手でねぎらいましょう。	・ルールの説明は84ページ参照。 ・うまくできない場合，ほかのペアを観察して参考にさせる。 ・体験が目的なので，セリフの内容より，大きい声で，気合いを入れて言うなどのアドバイスをする。
シェアリング	**4　感じたこと，気づいたことを語り合う** ●グループで感じたことや気づいたことを話し合いましょう。 ●断るべきときはしっかり断ること。それが自分も相手も大切にすることになるんですね。	・二つのペアが一緒になって4人グループをつくる。

引用参考文献：國分康孝・國分久子総編集『構成的グループエンカウンター事典』p486-487，梁瀬のり子，図書文化，2004

> **コラム4**
>
> # SGEの活用で「教師・保護者連携チーム」結成を
>
> 仁八潔（前石川県教育総合研修センター教育相談課課長）
> 住本克彦（新見公立大学教授）

いじめ問題は学校だけで解決することはむずかしく，学校と保護者が連携することによって効果を上げていきます。教師と保護者との連携を深めるには，日ごろから保護者と信頼関係をつくることが肝心です。そのためには，保護者会やPTA総会等の機会にSGEを活用して信頼関係づくりを図るとよいでしょう。

1 ワンネス・ウイネス・アイネスのエクササイズ

SGEでいう「ふれあい」の中身には，ワンネス，ウイネス，アイネスの三つがあり，それぞれを高めることを目的にしたエクササイズがあります。

① ワンネス

相手の内的世界を共有するあり方です。例えば，相手がつらい体験を話したとき，「ほんとうにつらかったでしょうね」と共感的に受容するといったことです。

〔エクササイズ例〕「拒否・傾聴体験」——ペアになり，話す役・聴く役に分かれます。最初に，拒絶的な態度をとられる体験をし，次に，受容的な態度で聴いてもらう体験をします。役割を交代して同様に行います。拒否されたときの気持ち，受容されたときの気持ちを語り合います。聴いてもらえる喜び・聴く喜びを体験し，相手と信頼関係を築きます。保護者が子どもとの接し方を見直すきっかけともなります（106ページ参照）。

② ウイネス

私はあなたの味方であると仲間意識をもつことです。ほかの人に寄り添い，寄り添われているという共存感です。

〔エクササイズ例〕「共同絵画」——4〜6名1組になり，互いに無言でメンバーの気持ちを理解するように努めながら絵画を仕上げます。どんな気持ちを絵に表したのか，描いてみてどんな気持ちだったかを，互いに語り合います。

③ アイネス

「私には私の考えがある」と自己主張することです。エクササイズでは，相互に自己開示的で，自己主張的なことを言い合います。

〔エクササイズ例〕「私のお願いを聞いて」——ペアになり，交代で自己主張をします。ポイントは自分を打ち出す気概をもつことです。

2 保護者と行うSGEの進め方

　保護者とSGEを行う場合，最初はゲーム色の強いエクササイズからはじめ，徐々に懇談会のテーマに合ったエクササイズを入れていきます。エクササイズ後には必ずシェアリングを行い，行ってみて，感じたこと，気づいたことなどを語り合います。
　大事なことは，教師の自己開示です。これを通して，保護者の自己発見や他者理解が促進されていきます。また，エクササイズの参加については強要しません。

① 教師の自己開示──例:「初めての保護者会で，私も緊張しています。今日はお互いを知り合うために楽しい活動をしたいと思います。まず，私から自己紹介をします。私の名前は○○です。趣味は～」
② インストラクション──ねらいややり方等の説明をします。教師自身がやって見せます。
③ エクササイズ実施──グループを決め，選択したエクササイズを実施します。
④ 教師の介入──例えば，自己開示ができない場合は，「何か気がかりなことがありますか？」など，抵抗の理由を自己開示してもらいます。
⑤ シェアリング──気づいたことや感じたことを出し合います。

3 保護者と行うSGEエクササイズの例

　保護者会やPTA総会で実施しやすいエクササイズをいくつか紹介します。保護者会の時間に合わせて，いくつか組み合わせて実施するとよいでしょう。

① 「みんなで握手」──自由歩行しながら，出会った人同士，握手しながら自己紹介します。例:「○○（好きな食べ物，飲み物等）が好きな○○（自分の名前）です」
② 「バースデーチェーン」──誕生月日の早い順に一列あるいは大きな輪になります。並ぶ際には無言で，互いにジェスチャー等で確認しながら行います。
③ 「最近のわが子」──バースデーチェーン終了後，列の隣同士でペアになり，「最近のわが子」をテーマに話し合います。例:「最近は学校での出来事を話さなくなって，少し寂しいです」など。保護者の人間関係づくりとともに，子ども理解の支援として行います。
④ 「サイコロトーキング」──4～5人のグループで，サイコロの出た目で，互いに自己紹介し合います。例えば，1の目が出たらよく見るテレビ番組を，2の目が出たら趣味をテーマに自己紹介し合います。テーマ例:「いま一番ほしいもの」「最近がんばっていること」「ここ一年の大きな出来事」「好きな本について」など。
⑤ 「ペアマッサージ」（あるいは「ペア肩たたき」）──同性同士でペアになり，肩もみしながら，もむほうがもまれるほうに質問します。交代して同様に行います（接触が苦手な人はパスしてもいいことを伝えます）。

第3章

エンカウンターを生かしたいじめ対応の実際

> **幼・保・こども園での実践例**
> ## ❶ 幼児教育へのSGE導入でいじめ予防を早期から！
>
> 植田律子（新見市こども課），小藤信子（新見市立哲西認定こども園），森本章代（新見市立上市認定こども園），山本眞由美（新見市立熊谷認定こども園），住本克彦（新見公立大学）

1　SGEの活用で人間関係づくりの基礎力をつけよう！

　少子化や核家族化，地域における地縁的なつながりの希薄化などによって，幼児期にコミュニケーションを学べる場が不足し，人間関係をうまく築けない子どもが増加しています。それがいじめ問題の遠因になっているように思います。

　このような問題意識から，保育現場では，さまざまな遊びを通して人間関係づくりの実践が行われています。「三つ子の魂百まで」といわれるように，他者との向き合い方，かかわり方の基礎を，幼児期にしっかり身につけておくことは，いじめ等の子どもたちの問題行動の予防に役立つと考えます。開発的カウンセリング技法に基づいたSGEを，幼児教育の場に取り入れるときのおもな留意点は以下の三つです。

(1) 子どもの発達に合わせて行う

　思いやりや共感性は，相手の立場に立てることが前提となるため，「心の理論」（4歳ごろから他者の立場に立ってものごとを考えられるようになるとする考え）の発達を踏まえて指導することが大切です。

　子どもの遊びにそって考えると，1歳半～2歳ごろは，同年齢の子どもとの「まねっこ遊び」が中心です。3～4歳ごろでは「ごっこ遊び」が中心になり，一緒にいる仲よしとの交流が多くなります。4～6歳ごろになると，相手に配慮して友達関係の維持ができるようになります。集団のメンバーの相互作用を活用するSGEは，他者を意識できるこのころから多く取り入れていくとよいでしょう。

(2) 幼児期の養育者との関係が人間関係づくりの基礎にある

　幼児と親（養育者）は愛着という情緒的な絆を形成し，子どもはそれを通して「愛される自分は価値があること」「他者は信頼してもよいこと」を実感します。それを安全基地にして，他者との関係を広げていきます。したがって，幼児教育における人間関係づくりプログラムは，必ず保護者と連携しながら進めることがカギになります。

(3) 適切なリーダーの存在

　SGEを体験するなかで，幼児たちが，「私は，こんなことができる（言える）んだ」「友

達っていいな」「みんなと遊ぶと楽しいな」などと，人とかかわることの楽しさ，あたたかさ，よさを実感できることが大切です。そのためにリーダーは，幼児の心に寄り添い，適切なモデルを示すことによって，子どもたちが「安心して自己表現できる」場を保障することが何より重要です。安心して人とかかわる体験は，子どもたちの問題行動，特に人間関係のもつれ等に起因するいじめなどを予防することにもつながるのです。

2　保育現場で行うSGEの実践

幼児を対象にしたSGEの手順も通常と同様です。①リーダー（保育者・教育者）によるねらい・やり方の説明（インストラクション），②デモンストレーション，③エクササイズ，④シェアリングという流れで行います。ただし，幼児期の発達段階を踏まえて，思考よりも行動や感情にはたらきかけること，言語以外のさまざまな表現方法を取り入れること，子どもが言語化できないときは教師が言語化を助けてあげることなどの工夫が必要でしょう。

以下に，園で行ったエクササイズを七つ紹介します。(1)～(5)は，「他者理解，友達の名前を覚える」をねらいとしたエクササイズのバリエーションです。クラス開きから間もなくして，みんなの名前を覚えだしたころに行うとよいでしょう。(6)と(7)は信頼体験をねらいとしたエクササイズです。クラスに慣れてきたころに行うとよいでしょう。

---

(1)　「パチパチパチで，○○さん！」

【対象年齢】2～5歳　　【ねらい】他者理解，友達の名前を覚える
【内容】保育者が手を3回たたいて，園児の名前を呼んでいく。名前を呼ばれた園児は立って，3回拍手し，「はーい！」と返事をする。全員呼んだら，「みんなで拍手！」

① インストラクション　先生が手を3回たたいて名前を呼んだら，名前を呼ばれた子は，先生と同じように手を3回たたいて，「はーい！」ってお返事してね。

② デモンストレーション　じゃあ，一度やってみるね。（先生が3回拍手）「○○さん！」（○○さん：3回拍手後，「はーい！」の返事）……先生が全員の名前を呼ぶので同じように拍手して，元気な声でお返事しましょう。全員が終わったらみんなで拍手しようね。

③ エクササイズ　では，本番です。（先生が3回拍手）「○○さん！」……（略）……はい，全員が終わりました。みんなで拍手！

④ シェアリング　どうだったかな？　楽しかった人は手をあげて。○○さん，どうだった？
【留意点】最初は子どもたちが理解できるまでテンポを遅くし，徐々に速くしていく。

(2) 「パチパチパチで，動物まねっこ○○さん！」

【対象年齢】3〜5歳　　【ねらい】他者理解，友達の名前を覚える

【内容】保育者が3回拍手して，園児の名前を呼んでいく。3人呼んだら，「○○さん犬，□□さん猫，◇◇さんうさぎ」と言い，園児は指示された動物のまねをする。

① インストラクション　私が手を3回たたいて1人ずつ名前を呼びます。3人になったら「○○さん犬，□□さん猫，◇◇さんうさぎ」と言うので，その動物のまねをしてね。

② デモンストレーション　じゃあ，一度やってみますよ。（躊躇なくできそうな幼児3人の名前を呼び，指示された動物のまねをさせる）……はい，みんなよくできました。全員が終わったらみんなで拍手しようね。やり方はわかったかな？

③ エクササイズ　では，本番です。（略）……全員が終わったから，みんなで拍手！

④ シェアリング　どうだったかな？ 楽しかった人は手をあげて！ ○○さん，どうだった？

【留意点】最初は子どもたちが理解できるまでテンポを遅くし，徐々に速くしていく。

(3) 「5回続いて，イェイ！」

【対象年齢】3〜5歳　　【ねらい】他者理解，友達の名前を覚える

【準備】ビーチボールをグループ分用意する。

【内容】保育者も入り5〜8人で手をつないで丸くなる。ビーチボールを円の中に入れ，隣の友達の名前を言いながら蹴る。5回続いたらみんなで「イェイ！」と叫ぶ（初めにポーズを決める）。

① インストラクション　みんなで丸くなって手をつなぎましょう。お隣の友達の名前を言って，ビーチボールを蹴ろうね。5回続いたら，みんなでイェイ！って叫びながらポーズをとるよ。そのときのポーズはこうです（ガッツポーズなど）。

② デモンストレーション　一度やってみましょう（一つのグループで模範を見せる）。最初はみんなで丸くなって手をつなごうね。それから，○○さんって右隣りのお友達の名前を言いながら，輪から出ないようにボールをこうやって蹴るんだよ（手本を見せる）。……5回続いたから，みんなでイェイ！ やり方はわかったかな？

③ エクササイズ　では，本番です。（略）……5回続いたから，みんなでイェイ！

④ シェアリング　どうだった？ 楽しかった人は手をあげて！ ○○さん，どうだった？

【留意点】最初は子どもたちが理解できるまでテンポを遅くし，徐々に速くしていく。

(4) 「三つくぐって, イェイ!」

【対象年齢】3〜5歳　　【ねらい】他者理解, 友達の名前を覚える
【準備】大・中・小のフラフープを1セットにし, グループ分用意する。
【内容】保育者も入り5〜8人で手をつなぎ, 横一列になる。次に渡す友達の名前を言いながらフラフープを大, 中, 小の順番にくぐっていき, 他のグループと競い合う。3本くぐれたら, 「イェイ!」と叫ぶ(初めにポーズを決める)。

① インストラクション　5人でグループになり手をつないで横一列に並びましょう。次に渡す友達の名前を言いながら, 大・中・小のフラフープを順番にくぐっていこうね。3本くぐれたら, 「イェイ!」と叫びながらポーズをとるよ。そのときのポーズはこうです(両手でピースなど)。どのチームが速くくぐれるかな? 競争しましょう。

② デモンストレーション　一度やってみよう(一つのグループで模範を見せる。保育者は先頭に立ち, 先頭の子にフラフープを渡す)。5人グループで手をつないで横一列に並びます。○○さんって次の友達の名前を呼びながらフラフープをくぐって, 次の友達に渡してね。最初は大きなフラフープ, 次は中の大きさ, 最後は小さなフラフープをくぐるよ。一番後ろの人は, くぐり終わったら床に置いてね。3回くぐれたから, みんなでイェイ!(ポーズをとる)。やり方はわかったかな?

③ エクササイズ　では, 本番です。(略)……一番は, ○○チームでした。拍手!

④ シェアリング　どうだった? 楽しかった人は手をあげて。○○さん, どうだった?

【留意点】最初は子どもたちが理解できるまでテンポを遅くし, 徐々に速くしていく。

(5) 「右か左か, ○○!(名前を言う)」

【対象年齢】4〜5歳　　【ねらい】他者理解, 友達の名前を覚える
【内容】保育者も入り4〜5人で縦一列になる。先頭の園児が「右か左か, ○○!(自分の名前)」と言って右か左に跳ぶ。全員が同じ方向に跳んだら「イェイ!」と叫ぶ(初めにポーズを決める)。時間を決めて行い, 1回ごとに先頭が交代する。全員揃ったら1点加算(保育者がカウント)。合計点で他のグループと競う。

① インストラクション　5人で縦一列に並びます。一番前の人が「右か左か, ○○!」と言って自分の名前を言いながら, 右か左に跳びましょう。次の人も同じほうに跳ぶようにして, 全員が同じ方向に跳んだら1点です。点数は先生が数えますよ。1回ごとに一番前の人は交代します。どのグループがたくさん合うかな。みんな揃ったら

「イェイ！」と叫ぶよ。そのときのポーズはこうです（両手を上げるなど）。
② **デモンストレーション** 一度やってみよう。5人で縦一列に並んで，一番前の人が，「右か左か，○○！」と自分の名前を言いながら，右か左に跳んでね。一番前の人が跳んだほうにみんなも跳ぶようにして，全員同じほうに跳べたら「イェイ！」ね。1回終わったら先頭の人は一番後ろについて，二番目だった人が先頭になります。これを○分間行います。先生の「終わり」の合図まで続けましょう。やり方はわかった？
③ **エクササイズ** 本番です。（略）……はい，終わり。優勝は○チームです。拍手！
④ **シェアリング** どうだった？ 楽しかった人は手をあげて。○○さん，どうだった？
【留意点】最初は子ども達が理解できるまでテンポを遅くし，徐々に速くしていく。

(6)　「こおりおに」

【対象年齢】4～5歳　【ねらい】信頼体験：助けてもらった友達にお礼を言う
【内容】事前に1人5枚（裏に自分の名前を書いておく）の「お助けカード」を作っておき，カードをもらうと鬼にタッチされた子の氷が解けて動けるようになる。終了とともにカードをくれた友達にお礼を言ってカードを返す。

① **インストラクション** こおりおにをやりましょう。自分の名前が裏に書いてある「お助けカード」を1人5枚渡すね。鬼にタッチされて凍ったときにカードをお友達からもらうと氷が解けて動けるようになるんだよ。終わりの合図があったら，助けてくれた友達に「助けてくれて，ありがとう」とお礼を言ってカードを返そうね。
② **デモンストレーション** 先生とA先生でやってみます。初めは先生が鬼です。（A先生をタッチする）……鬼にタッチされたら，こんなふうに動けなくなります（A先生が動きを止める）。では，Bちゃん，A先生にお助けカードをあげて……（A先生が動き出す）。「終わり」の合図があったら「お助けカード」の裏の名前を見て，そのお友達に，「助けてくれて，ありがとう！」とお礼を言ってカードを返そうね。
③ **エクササイズ** では，本番です。（略）……はい，終わり！ カードの裏の名前を見て，助けてくれた友達に，「助けてくれて，ありがとう！」とお礼を言ってカードを返そうね。
④ **シェアリング** どうだった？ 楽しかった人は手をあげてね。○○さん，どうだった？

(7) 「ガンバリの木を育てよう！」

【対象年齢】4～5歳　　【ねらい】信頼体験：友達のがんばりやよさに気づき合う

【内容】友達のいいところを見つける活動。友達のがんばりやよさ、親切にしてもらったことなどに気づいたら、「どんぐりカード」に書き、模造紙に描いた「ガンバリの木」に貼っていく。一日ごとに新しいカードを読み上げて、拍手で称賛し合う。

① **インストラクション**　今日から「友達のがんばっているところやいいところを見つけよう！」をします。友達のがんばりやよさに気づいたら、「どんぐりカード」に「○○ちゃんが、どうぐばこをはこぶのをてつだってくれました。うれしかったです。ありがとう。□□より」のように、友達のがんばりや、よさ、親切にしてもらったことなどを書いて、「ガンバリの木」に貼っていきます。先生が、毎日、新しいカードを読み上げるので、みんなで拍手をしましょうね。

② **デモンストレーション**　一度やってみるね。「○○さんがハンカチをひろってくれました。バアバがかってくれたたいせつなものです。○○さん、ありがとう！」これを「どんぐりカード」に書きます。カードはノリで「ガンバリの木」に貼っていきます。

③ **エクササイズ**　では、本番です。初めに、みんな1枚ずつ書いてみようね！（机間巡視しながら個別指導）「○○さん、いいことに気づいたね！　□□さんが、転んでひざをすりむいたときに先生に知らせてくれたんだね。そういうことを見つけていこうね」

④ **シェアリング**　感じたことをお話ししてくれる人は？　○○さん、どうだった？

画像提供：藤川真奈美（新見市立熊谷認定こども園）

〔引用参考文献〕
(1)　文部科学省「幼稚園教育要領」2017
(2)　厚生労働省「保育所保育指針」2017
(3)　内閣府 文部科学省 厚生労働省「幼保連携型認定こども園教育・保育要領」2017
(4)　スマイル保育研究会『U-CANのあそびミニ百科 0.1.2歳児』ユーキャン学び出版，2017
(5)　スマイル保育研究会『U-CANのあそびミニ百科 3.4.5歳児』ユーキャン学び出版，2017

> 小学校での実践例（学級）
> ## ❷ いじめが起きた学級の人間関係の再構築をSGEで！
>
> 福井加寿子（三田市立あかしあ台小学校校長）

いじめを一度でも経験した集団では，不信感や猜疑心によって，子どもたちの気持ちがすっかり委縮してしまっています。すると，友達関係も広がりにくくなり，小さな集団で固まってしまったり小集団同士が反目し合ったりして，和やかな学級の雰囲気とはほど遠いものになってしまいます。

私が担当することになったのも，まさしくそんな学級でした。4年生のときにいじめ事象が起こり，そのいじめは学級の枠を超えて広がっていました。当時の担任団によって，とりあえずいじめは収まり，5年生ではクラス替えによって新しい集団づくりがなされました。しかし，学級全体に虚無的でしらけた雰囲気がただよい，授業では進んで発表する子どもが極端に少ないという状態でした。

また，学級には，前年度にいじめを受けていた児童がいました。

「そんなことぐらいで，泣くほうが悪いと思います」「私だったら我慢します」

泣いているクラスメイトを前に言い放たれたこれらの言葉に，衝撃を受けた1学期のスタートとなりました。

1 いじめの再発予防にSGEを！

「相手の気持ちを思いやる」という関係を築きにくいのは，子どもたちが安心して自分をさらけ出すことのできる環境にないからです。

「こんなことを言ったらみんなに変に思われる」「どうせ言ってみても聞いてもらえないし，何も変わらない」——無力感が子どもたちを黙らせていました。いじめが起こり，だれもそれを止められず，告発できず，多くの子どもたちが傍観者であることを余儀なくされた結果でした。

力をもつ者だけが自分の尺度で発言し，他者に歩み寄ろうとしない。多くの子どもは自信を失い，お互いのつながりは希薄。このままでは再びいじめが起こりかねません。そこで，子どもたちの関係づくりにSGEを取り入れようと考えました。

2 書くことで自己主張練習, SGEでリレーションづくり

(1) 5分間作文やワークシートで自己主張訓練

　自信を喪失している多くの子どもたちに, みんなの前で話をしたり, いろいろな人と交流したりする活動はハードルが高いと思いました。そこで, まず自分の気持ちを書いて, 一人一人に表現させることが大切だと思いました。

　まず, 折をみて「5分間作文」を実施し, 自分の思いを書くよう指導しました。また, 発言が苦手な子どものために,『自己表現ワークシート』(大竹直子著, 図書文化) の『どんなとき？』『クラスの中の自分』『私の宝もの』などのワークシートをよく利用しました。発表が苦手な子どもにとっては, ワークシートに書くことは自己主張そのものです。普段は発言が少ない多くの子どもが, 時間をかけて熱心に書き込んでいました。

(2) 気持ちを声に出す練習

　終わりの会では, 「自分の気持ちを声に出して言ってみよう」と言い, 子どもの気持ちを引き出す指導を続けました。発言できた子どもの勇気をほめ, 「自分の意見を言うことで, 学級をよくすることができるのです」と励まし続けました。

(3) SGEでリレーションづくり

　(1)(2)に加え, 「何でもバスケット」「四つの窓」「サイコロトーキング」等のエクササイズを, 学級会やクラス遊びの時間に取り入れていき, リレーションづくりを図りました。

　このような取り組みによって, 少しずつではありましたが, 子どもたちは自分の思いを表すことの大切さに気づきはじめ, 授業での発言も増えていきました。

3 教師としての挑戦！「のけ者にされる人に問題があるのか」

　2学期は取り組みをさらに進め, 自分や友達のもち味や個性に気づき, 自信をもち, 子どもたちのつながりを強めたいと考えました。そこで, 道徳の読みもの教材「大石さんのこと」(兵庫県教育委員会編集『友だち』より) を使い「のけ者にされるAさんに問題があるか」について考えさせました。これは昨年度に実際にいじめを経験している子どもたちに対する, 私の挑戦といえるものでした。

　最初は「Aさんは努力すべき」「Aさんは気持ち悪い」「こんな人がうちのクラスにいなくてよかった」といった感想が多数あげられました。しかし学習を進めるうちに「Aさんの個性」という言葉が子どもから発せられるようになりました。その発言をきっかけにして「Aさんをのけ者にするクラスの人に問題がある」という意見に変える子どもが次々と現れ始め, 「人にはそれぞれもち味や個性がある」「自分自身にもいろんな面がある」「自分も友達もそれぞれ違うし, いろいろだ」等の感想があがりました。

4 「私クイズ」で新たな人間関係づくり

さきの道徳の授業の結果を受けて，引き続きSGEの手法を生かして，子どもたちの自己理解，他者理解を深め，学級内のリレーションづくりを進めていくことにしました。特に子どもたちの人気が高かったエクササイズに「私クイズ」があります。

(1) エクササイズのめあてと流れ

「私クイズ」のエクササイズのねらいは，自分自身の個性に誇りをもち，自己理解を深めること。同時に，クラスメイト一人一人の個性の尊重を学ぶことです。活動の流れは，まず自分の好み，体験，性格の三つを書かせます。それを回収し，教師が1枚ずつ読み上げて，だれが書いたのか全員で予想して名前をあてるというものです（右図参照）。

私クイズ
名前＿＿＿＿
① 私は（の）
② 私は
③ 私は

図　ワークシートの例

このエクササイズは，どの子どもも楽しんで参加しました。何度もリクエストがあり，繰り返し行いましたが，何度やっても子どもたちは飽きずに取り組み，楽しそうでした。

クイズ問題を考えるときには，自分自身のことをどう友達に知ってもらうのかを考えることで，自分の個性に誇りや自信をもつことができたようでした。友達のクイズの答えを聞くときは，その人の思いがけない面を知ったり，自分との共通点を見つけたりすることで，より親しみが増しました。

(2) お互いを認め合おうとするクラスへ

このエクササイズを行って感じたことは，名前を当てる側も当てられる側も，両方がとてもうれしそうに楽しんでいたということです。当てる側には「こんなことを書いているのは，いったいだれだろう？」という友達への興味と好奇心がわき上がっていました。

いっぽう，クイズを出題した側も，「自分のことだと気づいてくれるかな？」という期待でドキドキしている様子が伝わり，友達のことを知りたい，認め合おうとする喜びやクラスへの帰属感が，子どもの顔を明るくしていたと思います。クイズを解きながらみんなで笑い合うことは，何よりも学級集団としてのリレーションづくりになっていきました。

(3) 新しい友達関係の構築

友達の思いがけない一面を知ることで，新しい友達関係が生まれることも多くあり，いじめを受けていた子どもにも，共通の趣味をもつ友達ができました。年度当初は，一部の力をもつ子どもが自分の尺度で発言する一方で，自信を失い，立ちすくむ多くの子どもたちの姿があり，再度いじめが起こりかねない状態でした。しかし，いままで黙りこんで分断されていた子どもたちが，語り合いつながり始めたことが感じられる実践となりました。

❷ いじめが起きた学級の人間関係の再構築をSGEで！

エクササイズ「私クイズ」指導例

場面	学習の流れ（教師の指示●，子どもの反応・行動☆）	留意点
インストラクション	事前準備：ワークシート（前ページ参照）を人数分印刷 **1　ねらいの説明** ●みなさんは，学級のみんなのことをどれだけ知っていますか？　まだよく知らないという人もいると思います。今日行う「私クイズ」は，自分のことをみんなに知ってもらい，同時にクラスメイトみんなのことをもっと知る活動です。楽しみながら行いましょう。 ●ワークシートに，好きな物や，どんな体験をしたか，性格についてなど，自分について三つ書きます。書き終わったら集めて，読み上げます。それがだれのものか，みんなで予想します。何人か予想が出たところで，シートを書いた本人が立ち上がってコメントを言います。 **2　デモンストレーション** ●自分についての三つとは，例えばこんな感じです。「私の好きな食べ物はラーメンです」「私はバンジージャンプをしたことがあります」「私の性格はおっちょこちょいで，よくメガネをどこに置いたか忘れます」――さてこの人はだれでしょう？ ☆先生だ！　バンジージャンプは怖くなかったの？ ●正解です。バンジージャンプは飛ぶ前はすごく怖かったけれど，飛び終わったとは，やったぞ～という達成感がありました。	・ワークシートを配る。 ・教師自身のことを例に出す。自己開示し，子どもたちが自己開示できるよう安心感を与える。
エクササイズ	**3　ワークシートに記入し，読み上げる** ●やり方はわかりましたね。では，シートに記入しましょう。 ●書き終わりましたね。用紙をふせて後ろの席から回してください。 ●では読みあげます。「好きな食べ物は，アボカドにおしょうゆをかけたものです。3歳のときに救急車で病院に運ばれたことがあります。泣き虫でマンガを読んでよく泣きます」さて，この人はだれでしょう？ ☆Aちゃんだ！　アボカドにしょうゆでマグロのお刺身になるって言ってたもん。でも，救急車で運ばれたことは知らなかったなあ。 ●では，書いた人にひとことお話をしてもらいましょう。 ☆それは私です。救急車で運ばれたのは，階段から落ちて，驚いたお母さんが119番したのです。でもタンコブができただけですみました。 ☆タンコブですんでよかったね。	・教師の書いたワークシートも混ぜておくと，より楽しくなる。 ・必ず全員のクイズを出すようにする。時間がたりないときは何回かに分けて行う。
シェアリング	**4　ふりかえり** ●今日の感想を書いてください。何人かに発表してもらいます。 ☆自分のことだと気づいてくれるかな？　とドキドキしました。 ☆この人はだれ？　とワクワクしました。とても楽しかったです。	

> 小学校での実践例（学級）
>
> ## ❸ 特別活動「いじめ防止ワークショップ」
> ──あたたかい言葉のシャワー──
>
> 水上和夫（富山県公立学校スクールカウンセラー）

　いじめの多くは，暴行や傷害などの明らかな行為よりも，言葉によるからかいや嫌がらせ，陰口や無視などから始まります。しかし，それらは行為だけを見れば，好ましくない「ささいなこと」として見過ごされていることが多くあります。友達を傷つける言葉遣いを減らし，あたたかい言葉が学級にあふれるようにすることがいじめ予防につながります。

　本稿では，言葉によるいじめを許さないために，「いじめ防止ワークショップ」を行った3年生での取り組みを紹介します。

1　小学校中学年のいじめ防止のポイント

　小学校中学年では子どもの世界が広がり，仲間と群れをつくるようになります。やりたいことを主張していた自分中心の人間関係が，同級生の友達集団へと広がって，徒党を組むようになります。しかし，自分の気持ちは考えることができても，友達の気持ちを推しはかることはあまり上手ではありません。

　中学年では，友達の影響を受けて言葉遣いが悪くなることがあります。一つ一つの言葉は「好ましくはない程度」であっても，それを何度も言われる相手の気持ちを考えることができない子どもが多くいます。これを放置しておくとエスカレートして，いじめにつながっていきます。そこで，学級担任とスクールカウンセラーが連携し，自分を見つめ，友達の気持ちを考えることで，互いの言葉遣いをふりかえる「いじめ防止ワークショップ」を実施しました。予防開発的な取り組みとして，アセスメントに基づく学級集団の改善に取り組み，いじめを生まない望ましい人間関係づくりをすすめました。

2　いじめ防止ワークショップの概要

(1)　いじめ防止ワークショップの目的

① SGEやソーシャルスキルトレーニングのエクササイズに取り組むことで，あたたかい言葉が相手を元気にさせることに気づき，あたたかい言葉を互いにかけ合うことができるようにする。

② 互いにふれ合うことで自己理解と他者理解を深め，肯定的に認め合う雰囲気をつく

り，学級への帰属意識を高める。
(2) **実施対象**：小学校3・4年（中学年）
(3) **会　　場**：① 教室もしくは広い特別教室
　　　　　　② 4～5名のグループ（生活班）で机を合わせて座る。
　　　　　　　（机・椅子が準備できない場合は，机・椅子がない状態で行う）
(4) **実施方法**

本いじめ防止ワークショップは，特別活動の授業としてスクールカウンセラーと担任のティームティーチングで実施した（担任だけでも実施可能）。

(5) **説明の工夫**
① 始める前にエクササイズのねらいや手順，ルールを板書する。
② 教師が実際にやって見せて理解させる（デモンストレーション）。
③ デモンストレーションでは教師が自己開示して自分を語る。

(6) **学級担任の役割**
① エクササイズ「ホットな『おはよう』」と「フワフワ言葉ジャンケン　どうしたの？　大丈夫？」のデモンストレーションを行う。
② エクササイズでしっかり活動していた子どもや，楽しく取り組んでいた子どもを見つけてプラスのフィードバックを行う。
③ うまく活動に参加できない子どものサポートを行う。
④ 授業の最後に，あたたかい言葉で勇気づけられた教師自身の体験を話し，あたたかい言葉かけの実施意欲を高める。

3　いじめ防止ワークショップ指導計画――あたたかい言葉のシャワー――

(1) **本時のねらい**

あたたかい言葉が友達を元気にすることに気づき，友達にあたたかい言葉をかけることができるようになる。

(2) **本時の実施エクササイズ**
① 「友達を元気にする言葉」
② 「ホットな『おはよう』」
③ 「フワフワ言葉ジャンケン『どうしたの？　大丈夫？』」
④ 「あたたかい言葉のシャワー『できる！　できる！』」

(3) **本時で獲得目標とするスキル**

①相手をきちんと見る，②笑顔で言う，③「相手の様子＋相手を思う自分の気持ち」で話す。

(4) 本時の展開（※詳細は133ページ参照）

いじめ防止ワークショップ「あたたかい言葉のシャワー」（3年生での実践）

時間		学習の流れ	留意点
導入		1　エクササイズ①「友達を元気にする言葉」を行う。 ●イラストで二つの場面を見せ，ぴょん太くんが何と言ったときに，うさ子ちゃんはイラストのような表情になったのかを話し合う。 ●ぴょん太くんが何を言ったのか話し合う。 ●うさ子ちゃんの気持ちを考える。 　友達を元気にする「あたたかい言葉かけ」ができるようになろう。	・イラストの場面1・2のうさ子ちゃんの表情を読み取らせる。 ・どんな言葉がうさ子ちゃんの気持ちに響くのかを話し合う。 ・あたたかい言葉かけをすると，相手が元気になることを確認する。
展開	10分 20分	2　エクササイズ②「ホットな『おはよう』」 ●ペアになり，ジャンケンをする。　　　　　板書 　①勝った人「○○さん（くん），おはようございます」＋自分の気持ちを伝える言葉（※1） 　②負けた人（○の判定をしたら）「おはようございます」と言う。 3　エクササイズ③「フワフワ言葉『どうしたの？大丈夫?』」 ●どんなあたたかい言葉（フワフワ言葉）があるかを話し合う。例：「ありがとう」「どうしたの？」「大丈夫？」など。 ●言葉かけのポイント（※2）を知らせる。 ●ペアになり，ジャンケンをする。　　　　　板書 　①負けた人「あっ，痛い」 　②勝った人「どうしたの？　大丈夫？」 　　その後，「相手の様子＋相手を思う自分の気持ち」をつけ加える。 　③負けた人（○×で判定し○だったら）「心配してくれてありがとう」とお礼を言う。	・T1，T2でデモンストレーションをていねいに行い，活動をイメージして取り組めるようにする。 ・「おはようございます」につけ加える言葉は最初に決めさせる。 ※1　自分の気持ちを伝える言葉例 「仲よくしようね」「今日も遊ぼうね」「昨日は仲よくしてくれてありがとう」 ・終了後，担任は，しっかり取り組んでいた子，楽しく取り組んでいた子をほめる。 ※2　言葉かけのポイント ①　相手をきちんと見る。 ②　心をこめて言う。 ③　「相手の様子＋相手を思う自分の気持ち」で話す。 ・ジャンケンに勝った人は，○がもらえるまで何回でも言う。
終末	30分 40分	4　言葉遣いをふりかえり，あたたかい言葉かけで友達を元気にすることを話し合う。 ●ワークシートを書く。 ●グループ内でふりかえりを発表し話し合う。 5　エクササイズ④「あたたかい言葉のシャワー『できる！　できる』」 ●グループで順番に行う。 　話し方：「私（ぼく）は○○のときに□□のあたたかい言葉のシャワーをします」 ●ほかの子は拍手をして「できる！　できる！」と言って励ます。	・ふりかえりカードに，自分の言葉遣いのふりかえりや，エクササイズに取り組んだ感想を書く。 ・4～5人のグループ（生活班）で話し合う。 ・話し方のパターンを示す。 ・教師があたたかい言葉で勇気づけられた体験を話し，「あたたかい言葉かけ」が積極的にできるよう意欲づける。

4　いじめ予防で変わる子ども

いじめ防止ワークショップを行った3年の学級は，6月の時点で，Q-U（楽しい学校生活を送るためのアンケート）の学級満足度尺度のまとめで非承認群が多いだけでなく，要支援群にも1名いました。このため，いじめ防止ワークショップであたたかい言葉がけを進め，互いのよさを認め合う活動を意図的に取り入れました。その成果が11月の調査に表れ，要支援群の子どもがいなくなり，学級に所属していることに高い満足感を抱く子どもが増えました。

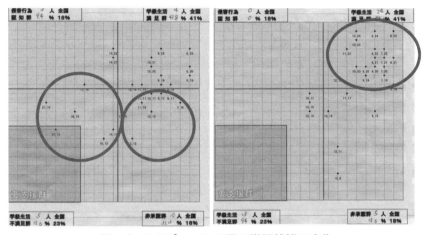

図　Q-Uのプロットで見る学級状態の変化

| ○満足群の割合 | 6月 | 43.8% | → | 11月 | 75.0% | 31.2ポイントの増加 |
| ○不満足群の割合 | 6月 | 15.6% | → | 11月 | 9.4% | 6.2ポイントの減少 |

5　チームでいじめ予防を進める

本ワークショップは，いじめが起こってからの対応でなく，アセスメントに基づく学級集団の改善に取り組み，いじめを生まない望ましい人間関係づくりを目的として，スクールカウンセラーと学級担任によるティームティーチングで実施しました。このような実践を行うためには，スクールカウンセラーに，心のケアや問題行動の改善という「待ち」の対応だけでなく，いじめ予防や人間関係の改善など，いじめを生まない「予防・開発」の対応ができることが求められます。

いじめ予防のガイダンスカリキュラムを提案し，担任教師と力を合わせて，いじめに向き合い，いじめに立ち向かう子どもを育てるようにしたいものです。

○ これからのスクールカウンセラーに求められる活動
① 個別の面談を行うだけでなく，問題を抱えている子どもの学級や授業の様子を観察し，学級担任に授業の進め方や学級づくりのアドバイスを行う。
② 学級担任と一緒に，子どもの人間関係を改善し，発達課題を解決するためのSGEなどを取り入れたプログラム（授業）を行う。

6 いじめ予防の最前線は学級づくり

本ワークショップでは，SGEの経験が豊富なスクールカウンセラーが進行役（T1）になり，学級担任は補助の役割（T2）をしました。そのなかで，学級担任には，エクササイズに取り組んでいる子どもの様子を見てプラスのフィードバックを行ったり，子どもたちの言葉遣いやいじめに関する自分の思いを語ってもらったりする場面を多く設けました。

ある授業の最後に，学級担任は，自身が小学生のときの運動会のリレーの話，自分がリレーの選手でバトンを落としたために負けたときの話をしました。バトンを落としたことを責める友達がいなかったこと，「ドンマイ」とあたたかい言葉をかけてくれたことをいまでも覚えていることを話しました。担任の話に，子どもたちは固唾をのんで聞き入りました。学級担任にとっては，教師の自己開示が子どもの意欲をいかに高めるかという気づきにつながりました。子どもの心に響くいじめの指導とはどのようなものなのか，教師自身のいじめに対する姿勢が確かなものになっていったのです。

人間関係が広がり，友達とのかかわりが増える小学校中学年では，学級が子どもの居場所となり，子ども同士の絆を深める取り組みが必要になります。いじめっ子がいじめをしないように指導する，いじめられた子の心のケアを行うという，いじめっ子・いじめられっ子への対応だけではいじめ予防にはなりません。SGEを活用しすべての子どもが安心感や充実感を感じる学級集団づくりに取り組むことが，いじめの未然防止につながるのです。

〔引用参考文献〕
(1) 水上和夫『10分でできるなかよしスキルタイム35』図書文化，2013
(2) 岸俊彦ほか編『意欲を高める理解を深める対話のある授業』図書文化，2013
(3) 生徒指導・進路指導研究センター編集「生徒指導リーフ　いじめの理解　Leaf.7〈2版〉」文部科学省国立教育政策研究所，2015
(4) 生徒指導・進路指導研究センター編集「生徒指導リーフ　いじめの未然防止Ⅰ　Leaf.8〈部分改定〉」文部科学省国立教育政策研究所，2015

7 いじめ防止ワークショップ「あたたかい言葉のシャワー」の実際

エクササイズ① 「友達を元気にする言葉」

【ねらい】 相手が元気をなくす「チクチク言葉」と相手を元気にする「フワフワ言葉」を知り，言葉の遣い方を意識して，あたたかい言葉かけができるようになる。

【活動の実際】 うさ子ちゃんの表情を見て，ぴょん太君が何と言ったのかを話し合いました。

ぴょん太くんはうさ子ちゃんに何かを言っています。うさ子ちゃんの表情を見て，うさ子ちゃんが，今，どんな気持ちかを考えましょう。

【場面1】「チクチク言葉」

まず，場面1を見て，子どもたちからは，「ぴょん太くんがいやなことを言っている」という意見が出ました。そこで具体的なぴょん太くんの言葉を示しました。

① 「今日，また忘れ物したの。ダメだね」
② 「なんでもっと速く走れないの」
③ 「ここの計算違っているよ。こんなこともできないの。バカじゃないの」

うさ子ちゃんは，「しょんぼり」「イライラ」「悲しい」「いやな気持ち」になっているという意見が出ました。そして友達をいやな気持ちにして元気をなくす言葉（チクチク言葉）があることを話し合いました。

【場面2】「フワフワ言葉」

場面2では，ぴょん太くんが話していることとして三つの言葉を示しました。

① 「とってもいい走り方になったね。たくさん練習したんだろう。すごいね」
② 「きみはとてもピアノがじょうずだね。すごいね」
③ 「昨日は荷物を持ってくれてありがとう」

うさ子ちゃんがこれらの言葉を聞いて「うれしい」「ワクワク」「元気が出る」「明るい気持ち」になっているという意見が出ました。そして，あたたかい言葉（フワフワ言葉）には友達を元気にする力があることを話し合いました。

エクササイズ② 「ホットな『おはよう』」

【ねらい】 「おはようございます」の後に気持ちを伝える言葉をつけ加えて言う練習をすることで，あたたかいあいさつができるようになる。

【活動の実際】 ペアでジャンケンをして勝った人が負けた人に「○○さん（くん），おはようございます」＋自分の気持ちを伝える言葉（①仲よくしようね，②今日も遊ぼうね，③昨日は仲よくしてくれてありがとう，の中から一つ選択。活動前に決めておく）を言い，負けた人は，あいさつの言葉があたたかくて気持ちが伝わってきたら，両手で大きく○の形をつくり，ダメだったら×を出して判定しました。「あたたかくて気持ちが伝わる」とは，「笑顔で目を見て大きな声で言う」ことができていれば○と判定することを説明しました。教師と子ども一人でデモンストレーションを行い，教師はジャンケンに勝ったことにし，最初に悪い見本を示して×の判定をもらい，言い直して○の判定をもらうまでの様子を見せました。

中学年の子どもはジャンケンが大好きです。ジャンケンで勝って喜び，大きな声でホットな「おはよう」をしていました。負けた子どもは○を出したら「おはようございます」とあいさつして，別の相手を見つけてジャンケンを続けました。ふりかえりでは，「いつものあいさつより元気が出る感じがした」「言われるとうれしかった」などの意見が出ました。

エクササイズ③ 「フワフワ言葉ジャンケン『どうしたの？ 大丈夫？』」

【ねらい】 「どうしたの？ 大丈夫？」と，気持ちを込めて言う練習をすることで，友達にやさしい言葉をかけることができるようになる。

【活動の実際】 友達のことを思って「どうしたの？ 大丈夫？」をやさしく言えるように，「フワフワ言葉ジャンケン」を行いました。

教師と子ども一人によるデモンストレーションでは，教師がジャンケンに勝ったことにし，子どもの「あっ，痛い」に対して「どうしたの？ 大丈夫？」と声かけする手本を示しました。やさしくない言い方をして×判定をもらう様子を見せることで，具体的な活動のイメージをもたせました。

「大丈夫？」の言い方がよかったら，両手で大きく○，ダメだったら×を出して判定しました。担任は，「どうしたの？ 大丈夫？」の後に「心配したよ」「元気を出して」など自分の気持ちをつけ加える子どもがいたこと，言われた人がうれしそうだったことを話し，みんなが真剣に取り組む姿を見てうれしく思ったことを伝えました。

エクササイズ④ 「あたたかい言葉のシャワー『できる！できる！』」

【ねらい】 あたたかい言葉かけをいつ，どんな言葉でするかを考え，発表し，互いに励まし合うことで，友達にあたたかい言葉をかけることができるようになる。

【活動の実際】 ワークシートに自分がどんなあたたかい言葉のシャワーをするかを書きました。例として以下のことを示しました。

◇あたたかい言葉かけをするとき（いつ）：朝に，休み時間に，授業中に，帰りに，など。
◇言葉かけ（言葉のシャワー）するあたたかい言葉：「ありがとう」「がんばってね」「一緒に遊ぼう」「どうしたの？ 大丈夫」など。

ワークシートに書いたことを確認した後，グループ内で一人ずつ発表し合いました。
① 「あたたかい言葉のシャワー」について，いつ，どんな声かけをするのかを話す。
② 聞いている人は，拍手をして，「できる！ できる！」と言って励ます。
③ 終わったら，次の人が話す。

活動後，あたたかい言葉が学級にあふれるようにすることで，いじめがなく，安心して過ごせる学級づくりができるようになることを話し合いました。

〔子どもたちのふりかえり例〕

・いままで使っていた言葉についてふりかえることができてよかったです。フワフワ言葉をこれからたくさん使おうと思いました。

・あたたかい言葉をかけてもらうとうれしくなりました。これからも思いやりのある言葉を使いたいです。

・いままでは，少しきつい言葉をかけてしまっていました。これからはきつい言葉を少なくしていきたいです。

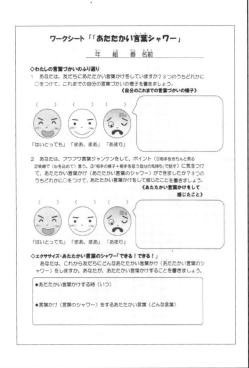

このように，「いじめ防止ワークショップ」を通じて子どもたちは，言葉遣いに対する考えを深め，これからどのように生活するかを考えていました。

> 小学校での実践例（学校）
>
> # ❹ SGEを核にした学校全体での取り組み
> ——相互理解と自己有用感を育成し，いじめを未然に防ぐ！——
>
> 濱津良輔（前鳥取市立鹿野小学校校長）

1 いじめを生まない学校風土づくりにSGEを活用

(1) いじめを生まない学校の特徴

　子どもたちに心の居場所を提供し，子どもたち相互の強い絆を育む学校とするためには，学校にいじめを生まない風土を築き上げていくことが重要です。いじめを生まない学校に共通している特徴として以下の五つがあげられます。

　これら五つの要素は，SGEのリーダーが常に心がけて実現に努めるべきものです。

1　学校のルールづくりがしっかりとしている。
2　子ども理解が進んでいる。
3　いじめに対する教師の態度がしっかりしている。
4　子ども同士の人間関係が豊かである。
5　自己存在感が味わえる集団づくりが進んでいる。
---

(2) 「命の教育」にSGEを！

　また，いじめを生まない学校風土づくりのためには，生命をかけがえのないものとして受け止め（代替不可能性の認識），生命を尊重していく心情や態度を育む「命の教育」が根幹に位置づけられなくてはなりません。一人一人の命の大切さ，生命という不思議への畏敬の念を感じることは，生きているのがつらくなるようないじめを他者に行う行為に歯止めをかけるとともに，いじめられた子どもが解決のための死を選ばせないことにつながると考えます。命の教育を推進するうえでも，SGEはきわめて有効な手法です。

2 学校全体で取り組むこと

(1) 全教職員の目で子どもたち一人一人をみる体制づくり

　担任だけではなく複数の教師の声かけや励ましによって，子どもたちは学校で心を開

き，安心して学び生活できる場として学校を認識するようになります。

　しかし，ある子どもの特徴や悩み，その子を取り巻く環境について，A先生は知っていた，B先生は知らなかったでは，いじめの未然防止どころか，発見が遅れ，より深刻な状況に陥る危険性があります。子どもたち一人一人を，すべての教職員が見守り育てるという姿勢が，私たちには必要です。それによって，子どもたち一人一人が安心して通える学校が実現します。一人の子どもを大切にできないなら，子どもたちみんなを大切に育むことは到底できません。

(2) 学校ルールの定着——小さなきまりも「守りきる」態度を育成

　集団が生活する場には，みんなが尊重し，守るべきルールやきまりが必要となります。そこで，本校では「凡事徹底」の合い言葉を大切にしています。

　例えば「もくもくそうじ（黙々掃除）」。会話を一切しないで黙々と清掃に取り組みます。子どもたちの声がすべて消え，学校全体が水を打ったように静かになります。

　ルールを守る必要は，学級の人間関係や友達関係においても同様です。どんな小さなきまりでも守ること（学校では「守りきる」という言葉をよく使います）で，学校全体の規範意識を高め，いじめを生まない学校風土がつくられていくと考えています。

(3) 体験活動や集団行動の充実——協力・強調する態度を育成

　運動会，遠足，宿泊学習，学習発表会等の学校行事や清掃活動，給食など，学校にはさまざまな活動が準備されています。これらの活動は，どれも「自分だけよければ（楽しければ）」という自己中心的な考えではうまくいかず，友達と協力・協調する心や態度が求められます。このような活動を計画的に設定し，他者とのかかわりのなかで，いろいろな体験をしていくことで，子どもたちは相手の気持ちや立場を気遣う心，友達と折り合いをつける力を育んでいきます。

(4) 異学年児童との交流——縦の人間関係のつながりで心の居場所をつくる

　異年齢の子どもたちがともに活動することでも，子どもたちは自己肯定感を高めることができます。上級生は下級生の世話をして，慕われることで自分が役に立っているという満足感を味わいます。下級生は上級生からリーダーとしてのあり方を学びとり，「こんな上級生になりたい」とあこがれの気持ちを抱くようになります。

　いじめの問題は，とかく同年齢集団の枠の中だけで考えがちですが，縦の人間関係のつながりを育て，異年齢集団で活動することの喜びや充足感をしっかりと味わわせることが重要だと考えます。それにより，子どもたちは心の居場所を増やし，多様な相手との相互の絆がより深まるものと考えられます。

(5) 赤ちゃんとの交流——丸ごと受容する態度がいじめの未然防止に

　赤ちゃんとふれあうことで，人の成長や命の尊さを実感し，自分の存在の意味を見つめ直すことをねらいとしています。

　私はいつも，子どもたちの様子をみるとき，その表情の変化に，とても注目しています。やんちゃな子どもたちが，赤ちゃんを抱っこした瞬間，ほんとうにやわらかく，やさしい笑顔に変わります。

　いじめが発生する背景には，相手の気持ちを共感的に受けとめる想像力の乏しさや相手を思いやる心の未熟さがあると考えられます。言葉を発しない赤ちゃんとの交流を通して，子どもたちの心の中に，相手の気持ちを想像する力や丸ごと受容しようとする態度が育まれ，それがいじめの未然防止につながっていくと考えられます。

(6) 動物との交流

　本校には，子どもたちの大好きなポニーが定期的にやってきます。ポニーは，食べたいときに食べたい草を食み，眠りたいときに眠ります。子どもたちは，自分の思いどおりにならないポニーの態度にとまどいながらも，草を与え話しかけます。

　私たちが学校で使用する「いじめ」という言葉は，通常，人を対象にしていますが，巷では動物虐待の事件も起きています。動物を慈しみ大切にする心と態度を育てることも大切であり，いじめを許さない学校経営・学級づくりには，動物もひと役買ってくれると考えています。

3　学年・学級で取り組むこと

(1) SGEエクササイズの実践例

　SGEは，子どもたちの人間関係づくりやコミュニケーション力向上に，きわめて有効な技法です。本校の場合，小学校1年生が入学したときに学校生活へのスムーズな移行に向けて行う「スタートカリキュラム」において，また他学年でも年度初めの「学級開き」や学級活動等の際にSGEを盛んに取り入れ，大きな成果をあげています。

　ここでは，本校で実践している代表的なSGEエクササイズを四つ紹介します。

　① 「いいとこ探し」——互いに認め合い自己肯定感を高める

　友達のがんばっている姿やよいところを見つけて，紙に書いて貼り出したり，帰りの会で発表し合ったりして，お互いにプラス面を評価し合う活動です（100ページ参照）。

クラスメイトの前で紹介された子どもたちは自己肯定感を高め，行動意欲が高まっていきます。級友との信頼関係がより強固なものとなり，「いいところを言ってもらってうれしいな。私も友達のよいところをもっと見つけて，みんなに紹介しよう」という気持ちも高まっていきます。

② 「ありがとうカード」──信頼関係をつくる

人からしてもらった親切やうれしかったことを思い出してカードに書き，感謝の気持ちを伝え合う活動です。グループになり，メンバーに一人一人に「ありがとうカード」を書いて手渡します。日常の活動で継続的に行うことで，信頼関係を育みます。また，学校行事などの後に行うと，人からしてもらったことが具体的に見つけやすくなるので，より活発な活動になります。

③ 「よいこと見つけ」──道徳性を育むことでいじめ予防に！

この活動では，どんな行いが「よいこと」なのかを子どもたち自身に考えさせることが大切になります。「友達にあたたかい言葉をかける」「ルールをきちんと守る」「気持ちのよいあいさつをする」などが，「よいこと」として子どもたちの口から語られるようになれば，学級集団の力も自ずと高まっていきます。

また，この活動はルールとふれあいの大切さを再認識させるとともに，道徳性を育むことにもつながるので，いじめ予防の効果が高いエクササイズといえるでしょう。

④ 「みんなでビンゴ」で寛容の心を育てる

自分の好きな食べ物をビンゴカードに書き込み，それをお互いに当てていくゲームです。

縦・横・ななめのどれでも二つそろえばリーチ，三つそろえばビンゴです。好きな食べ物，好きな遊び，好きな勉強など，テーマを変えて楽しむことができます。

友達の好きな食べ物を「カレーライス」「ハンバーグ」など，想像して一つずつ順に発表しながら，子どもたちは知らず知らずのうちに相手の思いや願いを想像していきます。お互いの気持ちを想像し合う楽しさを味わい，同時に違いを受容し合う寛容の心が育つ活動です。

(2) 「考え・議論する道徳」──他者の気持ちに思いを巡らす

「特別の教科　道徳」では，これまで以上に「考え・議論する道徳教育」を構築していくことになりました。

道徳資料を読み込み，登場人物の心情や行動に対する「自分の考えや思い」が生まれます。そして，「でも，自分にはそれができない。なぜだ」「友達と自分は，違う考えをもっ

ている。どうしよう」など，自己内で対話し，それを出し合う（議論し合う）なかでより思考が深まっていきます。

このような試行錯誤の中で道徳的価値への気づきが生じ，多様な見方・考え方の中から自分の立ち位置を理解し，他者の気持ちにも思いを巡らすことで，子どもたちは道徳性を育んでいきます。

(3) 「わかる授業・できる授業」の提供——学びの充実がいじめの未然防止に

授業の改善といじめの未然防止は，一見関係のないようにみえる両者ですが，私は「わかる授業・できる授業」が増えていくことが，いじめの未然防止に確実につながっていくと考えています。

「学ぶことが楽しい」「できるようになってうれしい」と実感できる子どもの心は安定し，子どもたちは満足感や自己有用感を高めていきます。いっぽう，「勉強がわからない」「○○ができない」のイライラ感や焦燥感による鬱積したストレスは友達に向けられ，結果としていじめの加害者となる可能性さえあると考えています。「できる授業・わかる授業」をきちんと学校が提供していくこと，子どもたちの学びを充実させていくことが，いじめの未然防止につながっていくのではないでしょうか。

(4) 自信をもたせる言葉かけ——自己有用感を高める

子どもの成長には，「人の役に立った」「人に評価された」等，他者に認められる経験が必要です。「人の役に立った喜び（役立ち感）」を味わうことは，子どもたちの自己有用感を高め，自分をかけがえのない大切な存在と認識することにつながります。そして，自己有用感の高い子どもは，他者を思いやり，だれに対してもやさしく振る舞うことができるようになります。

自己有用感を高めるためには，教師が子どもたちにかける言葉が大きな役割を果たすと考えます。自分のことをよく知り，いつも気にかけてくれている担任の先生からのあたたかい言葉は，子どもたちの大きな励みとなり自信につながります。この自信は，自分の学校生活を豊かなものに変容させ，自律した生活を送る基礎となります。

また，子どもたちが相互に語り合う言葉もとても大切です。子どもたちの普段の行動や態度をよく観察し，小さな成長や高まりを見逃さずに，SGEなどで相互評価する機会を的確に設けることは，子どもの自己有用感を高めるうえでとても効果があると考えます。

❹ SGEを核にした学校全体での取り組み

子どもたちに自信をもたせる言葉

・ありがとう。・うれしいな。・助かったよ。・がんばっているね。・ここがいいね。

・こんなことができるなんてすごいね。・いいところに気がついたね。よかったね。

・こういう考え方もあるね。・君ならできる。・あなたには可能性がある。　等

---

(5) **人権意識の高揚**

　人権はこの世のすべての人に与えられる、人が人であるための基本的な権利です。いじめは他者の人権を踏みにじる重大な侵害行為であり、けっして許されることではありません。人権に対する正しい認識をもたせ、人権感覚を子どもたちに育んでいくことが、いじめの未然防止につながります。

　そのためには、担任自らが人権を傷つける行為に対して敏感になり、人権を大切にする学級づくりを進めていく必要があります。特に、友達を傷つける言葉や態度には毅然と対応し、「けっして許さない」という雰囲気に満ちた学級を経営する必要があります。

　ここでもSGEの技法を取り入れながら、子どもたちみんなが学級に参加し、お互いを大切に思い合っていると実感できるような学級づくりを進めたいものです。

4 取り組みの成果と展望

　今日の学校において、いじめはどの児童生徒にもどの学校にも起こりうるものであり、だれもがいじめる側（加害者）にもいじめられる側（被害者）にもなりうる危険性をもっているという認識が必要です。

　「いじめがない」のではなく「見えていない・気づいていない」のかもしれません。それほどいじめは身近に存在し、しかも把握しにくくなっているといえます。

　いじめが発生したら、それを一刻も早く発見し速やかな対処を行うことになりますが、発生そのものを未然に防ぐことができれば、それ以上のことはありません。未然防止できれば、子どもたちがだれ一人悲しむことなく、笑顔で学校生活を送ることができます。

　いじめの未然防止には、自己有用感を高める、社会性を高める、「わかる授業・できる授業」づくりを進める、日常的に「いじめ」の問題を話題にする等が有効です。

〔引用参考文献〕
(1) 鳥取市教育委員会「鳥取市いじめ防止対策ハンドブック」2017
(2) 鳥取県教育委員会「鳥取県いじめ防止対策ガイドブック『笑顔でつながる』」2017

※**写真提供**：鳥取市鹿野学園流沙川学舎（鹿野小学校から名称がかわりました）

> 中学校での実践例（学級）
>
> # ❺ ICTを活用したいじめ予防エクササイズ
> ——「私の流儀」——
>
> 石原義行（関西福祉大学准教授）
> 山根由子（姫路市立東光中学校教諭）

本稿では，中学校で行ったICT（Information and Communication Technology：情報通信技術）を活用したSGEのエクササイズ「私の流儀」を紹介します。

このエクササイズは，開発的いじめ予防の相互理解プログラムの一環として実施したものです。動画を作るためには，相手のよさを引き出す必要があります。そのためには，コミュニケーションを通して相手を理解し，相手の立場に立って思いをめぐらすことです。これにより，共感が生まれ，相手の気持ちをわかろうとするようになります。相手のことを理解すれば，いじめを受けた側の気持ちを想像したり理解したりできるようになってきます。

そのような相手との関係性をていねいに学級に広げていくことが，いじめを防止する取り組みにつながると考えます。

1 年間計画

1学期は，自己理解・他者理解を目的としたエクササイズ「四つの窓」と，信頼体験を目的とした「ブラインドウオーク」を実施しました。それを受けて2学期には，まず，他者理解と自己有用感を得ることを目的に，「君はどこかでヒーロー」を実施しました。自己理解・他者理解がある程度進んだ後に，お互いのよさを認め合うことで相互理解を深めるとともに，自己主張のトレーニングにもなることをねらいとして，エクササイズ「私の流儀」を行いました。

SGE教育年間計画（例）

学期	エクササイズ名	ねらい
1	四つの窓 ブラインドウオーク	自己理解・他者理解 信頼体験
2	君はどこかでヒーロー 私の流儀	他者理解・自己有用感 自己主張・他者理解
3	別れの花束	感受性の促進

2 いじめ予防エクササイズ「私の流儀」指導例

　エクササイズ「私の流儀」の手順は，①ペアを決め，2人組になって着席。②ワークシートに「私の流儀」を書く。③ペアを組んだ同士，お互いが何のプロファッショナルかを考え，タブレットまたはスマートフォンを使用してクラスメイトの動画を作るというものです。動画の作成には，NHK『プロファッショナル　私の流儀』の公式アプリを利用しました（当アプリは，2019年3月現在，配信停止中）。

　エクササイズ中，何のプロにしようかと考えたり，話し合っている最中には，「自分にはいいところがないからヒントもあげられないし……」「そんなことないよ」「○○くんは，いつも笑顔だから，ムードメーカーがいいじゃん」「そんなふうに思っててくれていたのか。ありがとう」など，ほのぼのとする会話がありました。何のプロにするか2人とも困っていたペアには，周りの子どもがアドバイスをするなど，よい雰囲気のかかわりもみられました。

3 エクササイズ実施上の留意点

(1) 撮影意欲を高める

　互いのよさを引き出し合う過程では，まず自分が思っている素直な気持ちを伝えること，つまり自己開示が大切になります。自分が心を開くから，相手が自分に抱いていた思いも聞くことができ，そこから新たな発見や感謝の思いが生まれてきます。子どもたちに，まずこのことに気づかせたいと考えました。

　また，ペアの交流時間をしっかりと確保し，ワークシート作成をていねいに行うことにより，撮影や場所選び等で時間等がかからないようにして，撮影意欲を高めました。

(2) 最初はペア→グループでのシェアリングへ

　撮影まではペアで行いますが，動画の紹介はグループで行い，シェアリングもグループで交流するとよいと思います。作成過程の各自の感想を出し合い，グループの中で一番よかったものを決めてクラスに紹介するなど，交流を広げていくとよいでしょう。

　なお，本実践のペアは，新たな人との出会いを目的にくじ引きで決めましたが，学級状態によっては，ペアの組み合わせを教師が決めるなど，配慮が必要でしょう。

(3) ときには個別のアドバイスを

　エクササイズ中，教師は常に子どもたち一人一人の様子を観察し，雰囲気に溶け込みにくい生徒がいたら，個別に声かけをします。自分のよさを見つけにくいペアがいる場合，教師が日ごろの観察の中で，感じた出来事や行動をアドバイスします。例えば，「笑顔が素敵」「運動では俄然やる気を出している」「歌が上手」「ノリがいい」などです。

エクササイズ「私の流儀」 指導例

場面	学習の流れ（教師の指示●，子どもの反応・行動☆）	留意点
インストラクション	事前準備：ワークシート，タブレット，サンプル動画 **1　ねらいの説明** ●みなさんは，どんなことが得意ですか？　自分のよいところがわからないという人もいるかもしれませんね。そこで，今日は，「私の流儀」という活動を行います。ペアになって，お互いのよいところ，プロフェッショナルなところを探し合い，その内容を紹介する動画をタブレットで撮影し合いましょう。 **2　デモンストレーション** ●まず，私がつくった動画を見て，作品の流れを確認しましょう。	・ペアを決める。 ・教師が自分を撮影したサンプル動画を見せる。教師への親しみがわくように自己開示をするとともに，活動への期待感を高める。
エクササイズ	**3　よさを話し合い，ワークシートに記入** ●お互いのよさを話し合い，「○○のプロ（達人）」というぐあいに肩書きをワークシートに書きましょう。 ☆例：掃除のプロ，あいさつのプロ，面白い絵を描くプロ，バレーの達人，約束を果たす達人，ムードをつくる達人，倒立職人，回し職人など。 **4　友達のプロフェッショナルなところを撮影する** ●ドキュメントシーンを3カットに分けて考えましょう。次に，インタビューシーンを撮影し，最後にエンディングシーンを撮影します。 ☆おのおののペアで撮影をし合う。以下は一例 ドキュメントシーン1（手洗い場）：タワシを使って磨いている。 ドキュメントシーン2（手洗い場）：細かい汚れを取っている。 ドキュメントシーン3（手洗い場）：雑巾で水気をきれいに拭き取る。 インタビューシーン「なぜ，そんなに磨くのですか？」 エンディングシーン「使う人の気持ちを考えてよい環境にしたい（字幕）」 ●完成した「私の流儀」の動画をグループ内で紹介し合いましょう。	・何のプロかわかるように肩書きは表現を工夫する。 ・「私の流儀」を2～20文字で入力（ものごとの仕方，やり方）。
シェアリング	**5　まとめ** ●感じたこと，気づいたことを話し合いましょう。 ☆人の悪いところは目につくけど，よいところは見つけにくい。がんばってよいところを探していくうちに，楽しくなってきた。 ☆日ごろあまりしゃべらない人と，コミュニケーションをとりながらよいところを探しながら話すので楽しかった。	・グループ間で感想を交流する。

❺ ICTを活用したいじめ予防エクササイズ

「私の流儀」ワークシート

★動画を作ろう

①プロフィール作成

名前		ローマ字	
肩書き		年齢	

＊「肩書き」は何のプロかわかるようにしよう。

②ドキュメントシーンを撮影（15秒）

プロフェッショナルな様子，真剣に取り組む様子を撮影しよう。
3カットに分けて撮影しよう。動きがあるなら1カットでもOK。

【場所　　　　　　】　【場所　　　　　　　　】　【場所　　　　　　　　】

③インタビューシーンを撮影（11秒）　　　　　　　　　＊10秒目安：50文字

質問										
答え										

④エンディングを作る
　「私の流儀」を入力（2〜20文字）　　　　　　　　＊流儀：ものごとの仕方，やり方

流儀										

145

> 幼保・小・中連携での実践例
> ❻ 心と心のふれあい活動
> ——異年齢交流を通して自己肯定感を育成——
>
> 谷村憲一（鳥取市立東郷小学校教頭）

本稿では，平成23年度からスタートした「岩美スクラム教育」を契機に，幼保・小学校・中学校・高等学校が連携して実践してきた，自己肯定感を高め不登校やいじめの未然防止に向けた取り組みの一端を紹介します。

1 心と心のふれあい活動の継続で，いじめ・不登校予防を

岩美町立岩美南小学校は，平成13年に，小田小学校，本庄小学校，蒲生小学校，岩井小学校の4校が統合されて誕生した学校です。開校当時300名を超えていた児童も近年は半分程度となり，下校後，近所に一緒に遊ぶ友達がいない児童も増えてきました。そのような状況を踏まえ，縦割り班活動による異学年交流も大切にしてきました。

例えば，「赤ちゃんふれあい会」では，赤ちゃんやお母さんと交流した児童は，自分も親から愛情を注がれて大切に育てられたかけがえのない存在なのだと感じることができます。また，5歳児と5年生のふれあいである「5・5交流」では，自分が必要とされ役に立つ心地よさと，頼りにされる喜びを感じることができます。6年生と中学生との交流では，中学校入学後のあるべき自分の姿を思い描くことができます。

これらふれあいの体験をSGEのエクササイズと位置づけ，シェアリングで子どもたちの気づきを深め，感情交流を促進しています。

さまざまな他者とのかかわりを通して，児童が「自分はかけがえのない存在だ」と自覚することは，自分自身を大切にすることだけでなく，他者をも大切にしようとする気持ちをもつことにつながります。このような自己肯定感を高める取り組みは，いじめや不登校を未然に防止するための根っこの部分となる，大切な活動だと考えます。

以下に，各活動の詳細を紹介します。

2 5年生「赤ちゃんふれあい会」——命を感じる体験

5年生と町内在住赤ちゃんおよび保護者との交流です。児童には，導入として「自分の名前の由来や赤ちゃんのころのことを家族の人から聞き取ろう」と投げかけ，学習に入りました。

(1) 活動前の児童への聞き取りと教師の願い

児童の思い		教師の願い
楽しみなこと	不安なこと	・理科『ヒトのたんじょう』や道徳の学習の際に、赤ちゃん交流を思い出して、命の尊さや生命力について感じてほしい。 ・自分が赤ちゃんだったころのことを家族に聞かせてもらい、大切にしてもらっていることを実感してほしい。
・赤ちゃんに出逢えること。 ・赤ちゃんに触れること。 ・赤ちゃんの世話をすること。 ・一緒に遊ぶこと。 ・赤ちゃんを抱っこすること。 ・赤ちゃんに笑ってほしい。	・泣き出したらどうすればいいのかわからない。 ・怖がられたらどうしよう。 ・どうやって抱いたらいいのかわからない。 ・赤ちゃんを落としてしまったらどうしよう。	

(2) 第1回「赤ちゃんふれあい会」活動の実際（6月22日）

「赤ちゃんとふれ合うことで、そのぬくもりを感じる」「お母さんのわが子への思いを知り、大切に育てられていることを知る」という二つが本活動のねらいでした。

活動のねらいは達成できたようで、赤ちゃんとお別れした後すぐに、「楽しかったです」「かわいかったです」「あと5回しましょう。せめてもう一度だけでも」と、興奮気味に言いに来る子どもたちが大勢いました。

第1回目　活動後の児童の感想例（男児）

赤ちゃんふれあい会で、お母さんっていろいろなことをしてすごいなと思いました。抱っこをしているだけで大変なのに、あやしたりおむつをかえたりして、すごいです。ぼくのお母さんも、こんなことをしてくれていたなんて、すごいと思いました。

---

(3) 第2回「赤ちゃんふれあい会」活動の実際（10月14日）

子どもたちの熱望を受けて、2学期にも「赤ちゃんふれあい会」を計画・実施しました。2回目は、「赤ちゃんの成長を感じること」や「自分が家族に大切に育てられたことを再確認し、いまの自分の心や態度を見つめること」をねらいとしました。

2回目は1回目に比べ、親の自分自身へのかかわりをより実感できた児童が増えました。

第2回目　活動後の児童の感想例（男児）

前回は4カ月の赤ちゃんでしたが、今回は8カ月の赤ちゃんでした。8カ月だと、4カ月とずいぶんちがいました。8カ月だと、り乳食を食べさせないといけないので、お母さんはたいへんだと思いました。ぼくの弟は、お母さんが作るものや買ったものを食べていました。ぼくは作るところを見たことがなかったけど、想像しただけで、作るのはたいへんだと思いました。お母さんはたいへんだと今回も思ったので、これからも弟のお世話をがんばりたいです。

3　5・5交流（ゴーゴー交流）——5歳児と5年生の交流

(1)　5・5交流年間のおもな活動

保育所年長児（5歳児）と5年生との交流では，1年間を通じて，さまざまな活動を行います。

4月の顔合わせ会でペアを組み，1年間そのペアで一緒に活動します。5年生は，企画や準備を協力して行い，活動を迎えます。活動が始まると，年長児のお世話を一生懸命行います。そんな5年生を年長児は頼りにし，活動を行うたびに感謝の気持ちを伝えます。

活動を重ねるごとに5年生と年長児はうちとけていき，特にペアの子どもたち同士は，出会ったらお互いに駆け寄るほど親しくなります。

1年間活動を続けるなか，年長児の小学校へ入学する不安感はなくなっていきます。そして4月には，5年生は最高学年の6年生となり，入学式で一緒に活動してきた1年生の手をつなぎ入場します。これは，5年生児童の自己肯定感を高めるのに最も効果的な活動の一つです。おもな活動は以下のようなものです。

5・5交流の年間活動

○**5月，小学校運動会**——種目「みんなが元気！　なかよくゴーゴー」に，5歳児と5年生のペアで参加しました。内容については，年長児が楽しめるような内容を5年生が考え，練習についても5年生がリードして行いました。

○**7月，小学校のプールでの水泳交流**——年長児は，このとき初めて大プールに入ります。プールで足が届かない年長児を，5年生がおぶって入れる姿がありました。

○**10月，小学校で実施する就学時検診**——さまざまな検査をペアで一緒に回り，同時に学校案内もします。待ち時間には，5年生が読み聞かせなどをしながら年長児が安心して待てるように配慮しました。

○**11月，ゲーム集会**——年長児を小学校に招待して，5年生が考えたゲームを一緒に楽しむゲーム集会を行いました。昔の遊びについて教えたり，木の実などを使ったゲームを作ったりして，年長児が楽しめるように工夫しました。

○**12月，クリスマス集会**——年長児を小学校に招待して，クリスマス集会を行いました。5年生は，どんな活動を行うと年長児が喜んでくれるかについて話し合いを行い，内容を決めました。当日は，ゲームを行い，一緒にケーキを作って食べ，手作りのクリスマスツリーの飾りつけをしました。帰り際には，手作りのプレゼント（鉛筆立て）を渡しました。

(2) 活動を通した5年生児童の成長

　内容については，できるだけ児童に話し合いをさせて決めさせました。クリスマス集会で，渡すプレゼントについての話し合いでは，「小学生になったら，鉛筆をたくさん使うようになるから，鉛筆立てを贈ろう」などと，年長児の立場になって考える姿も見られました。

　また，「嫌われたくない」と思って，年長児の不適切な行動に気づいても注意できず，もやもやした気持ちを抱えていた児童がいました。担任から「相手にわかってもらえるように，ていねいに落ち着いた言葉で伝えれば大丈夫」とアドバイスを受け，「教えたほうがよいことは，遠慮しないで伝えることが大切」と気づくことができました。

　5・5交流を実施するためには，話し合いで内容を決め，準備をする時間と手間がかかります。しかし，5年生が年長児の立場に立って考えたり，協力して準備をしたりする姿はたくましく見えました。回数を重ねるごとに，児童は確実に成長していき，この活動には大きな意味があることを実感しました。

4　6年生と中学2年生との小中交流（6年生3校交流学習）

　町内3小学校の6年生による交流も年間3回行います。そのうち2回は中学校を訪問し，中学2年生との交流を行います。主な活動は以下のようなものです。

> ○生徒会執行部の生徒から中学校の学習や部活動，生活等について話を聞く。
> ○中学校の授業を参観する。
> ○中学校の先生が行う授業を実際に受けてみる。
> ○中学2年生の指導のもと，一緒に仲間づくり活動や合唱を行う。

　27年度実施の6年生と中学校全校生徒による『ふるさと』の合唱は圧巻で，大きな感動と一体感を共有しました。中学2年生のすばらしいリーダーシップを見て入学への期待をふくらませる6年生の姿が印象的でした。6年生が中学校へ入学するとき，交流した中学生は3年生になります。本活動は中学校へ入学する新入生の不安を少しでも払拭するとともに，3年生の中学生リーダーとしての自覚を高めることにもつながると思います。

〔引用参考文献〕
住本克彦，斎藤健司，加藤由美「平成28年度 学長配分研究費採択研究報告書 幼児期における『いのちの教育』カリキュラムモデルの開発的研究」二鶴堂，2017

教員研修
❼ SGEを直接体験する教員研修
──いじめ・不登校を生まない学級風土づくりをめざして──

村上順一（伊丹市立笹原小学校校長）

　友人関係を要因とする不登校やいじめ問題等の防止には，SGE等を活用した人間関係づくりを通して，児童生徒がお互いの絆を強めることが効果的です。児童生徒にSGEを実施する前に，教員研修の実施により，教員自身がその流れとめあてをつかみ，留意点を押さえることは有意義であると考えます。本稿では，教員研修の内容を中心に，不登校・いじめ予防について考えます。

1　いじめ・不登校の予防は互いを認め合う風土づくりから

　いじめは人権にかかわる重大な問題であり，理由のいかんにかかわらず，けっして許されるものではありません。いじめが起きた場合には，教員はもとより，スクールカウンセラーやスクールソーシャルワーカーをはじめとする全教職員や関係機関が連携し，迅速かつ適切な対処を行うことは，問題の早期解決に重要なことです。本市での対応は，いじめ問題については，一定の解消が図られたと思われるケースでも，再発したり，内面に根強く残ったりする場合が多くあることから，継続した慎重な対応に留意しています。

　いっぽう，不登校について，文部科学省の調査結果によると，全国の小・中学校における不登校等による長期欠席者は平成27年度は12万6000人近く，28年度は13万3600人を超えており，増加傾向にあります。不登校発生の要因を特定することは困難であり，その要因や背景もケースによりさまざまですが，調査によれば，学校にかかわるきっかけの中でも「友人関係をめぐる問題」は高い割合を占めており，子どもたちの人間関係が重要であるという点で，不登校といじめの対応は切り離すことのできない問題です。

　早い段階でいじめや不登校を発見するためには，学級担任をはじめ教員自身が，児童生徒との距離を近くとりながら，受容の姿勢をとることが不可欠になります。

　そのうえで，児童生徒が自分の気持ちの内面を，安心して出すことができる人間関係や環境を整備することが重要です。つまり，児童生徒同士がお互いを認め合う風土を学級の中で醸成し，心通い合う集団づくりと，それぞれの居場所を学校に保障することが大切であると考えます。

2 教員研修──傾聴スキルを培うSGEの実践

　SGEには，場面や時期，状況に応じて効果的に実施できるエクササイズが多数あります。教員が最もふさわしいエクササイズを学級集団の中で活用できるように，実施時期や目的を見きわめる力を身につけるためには，まずは教員自身がSGEを直接体験することが有効です。これにより，児童生徒の不安な気持ちや人に頼りたい気持ちを感じるとともに，尊重し合うことの大切さを実感することで，より効果的な学級指導ができると考えます。

　例えば，「拒否と受容」（106ページ参照）というエクササイズで，教員自身が周囲の人から拒否や受容される模擬体験をすることで，「ロールプレイとはいえ，ずっと断られる体験はけっこうきついものだな。また，断り続けるのにもエネルギーがいるのだな」などと感じ，実際の場での児童生徒の気持ちを理解し，寄り添うことができます。

　以下に，本市で行った教員研修の一部を記載します。本市では，教員同士がお互いの傾聴スキルのアップを図りながら，学級等での児童生徒への指導につながることを目的に，傾聴スキルにかかわる研修を行いました。研修では，参加者である教員同士の関係を築くため，お互いを児童生徒に見立てて，エクササイズを行いました。

教員研修1　SGEエクササイズ「1分間スピーチタイム」

　どの学校でも，新年度の学級開きの際に，新たに出会った友達同士の関係づくりが必要になります。リレーションの構築を図るためには，最初の出会いが大切です。

　その手法の一つとして，エクササイズ「1分間スピーチタイム」があります。このエクササイズを教員自身が実際に体験すると，リラックスした自己開示が相手に安心感を与え，つながりの基盤が形成されることに気づくことができます。

エクササイズ「1分間スピーチタイム」の流れ（児童生徒の場合）

① できるだけ多くの友達との出会いを実現するため，毎回異なったペアを組む。
② 司会者（児童生徒）が「今週一番うれしかったこと」等，共有しやすいスピーチテーマを設定する。
③ テーマに合わせてペアで，1人ずつ自分の気持ちや感想を入れながら1分間話をする。
④ 司会者の，「1分間経過」の合図とともに，話し手を交代する。
⑤ 聴く側のときは，最後まで何も言わず，うなずきながら聴く。
⑥ 両者がスピーチを終えたら，司会者が全員に向かって自分の「1分間スピーチ」を行う。
⑦ 教員は，そのスピーチに対する感想や質問等を行いながら，学級内で話を共有する。
⑧ お互いの理解を進めるため，毎日ペアやテーマを変えて行う。

今回の研修では,「1分間スピーチタイム」のエクササイズに入る前に,簡単な自己紹介を含めた握手を全員と行いました。手を通して相手にふれると,それまでのはりつめていた空気が一気に和らぎ,お互いに声が出始め,あたたかい雰囲気となりました。

雰囲気が和らいだところで,「1分間スピーチタイム」を行いました。各人が身近な話題を自己開示したため,お互いの距離が一気に縮まり,親近感が増しました。話し手は自分の話を好意的に聞いてもらえ,周囲の人に受容されていることも感じられたようです。

小学生を対象として,実際に学級でこのエクササイズを実施する場合には,特に以下のことに留意することが大切です。

【留意事項】1分間スピーチタイム(小学生対象の場合)
① 学級でのエクササイズのペアづくりは,教員の意図的な組み合わせを入れ,できるだけ多くの友達との自己開示につなげていくことが大切です。
② スピーチは,その時期の話題や児童の実態に合わせたものをテーマとして,だれもが抵抗なく話しやすい場を設定します。学級で話題になったこと等,身近なことをテーマとして取り上げると,全員がスムーズに話せるようになります。
③ ペアごとのスピーチを開始する前に,教員が自分のことについて自己開示し,気持ちや感想を入れながら話すなど例を示すことによって,話し方や進め方に不安をもっている児童をスムーズに導くことができます。

教員研修2　SGEエクササイズ「誕生日チェーン」

次段階として,集団のリレーション形成を目的に,「誕生日チェーン」を行いました。

エクササイズ「誕生日チェーン」の流れ(児童生徒の場合)

① 児童生徒同士お互いが少し慣れ,話ができる関係になりはじめたころに行う。
② 個々のつながりをさらに深めるため,あえて言葉を使わず,ジェスチャーによるコミュニケーションを体験させる。
③ 児童生徒全員を教室内に広がらせ,音声によらないコミュニケーションによって一列(例:1月から誕生月日の順)に並ぶよう指示する。
④ 教員自身も児童生徒の中に入り,一緒に無言でエクササイズを行うと,児童生徒同士のつながりだけでなく,児童生徒と教員との関係も同時に構築される。
⑤ 2回目以降は「誕生月は関係なく日にち順に並ぶ」など,条件を変えて行う。

このようにSGEのエクササイズを段階的に進めていくなかで,特に留意すべきことは,「サポート」と「シェアリング」をしっかり実施することです。サポートとは,エクササイズを通し,「先生は自分のことを何でも受け入れてくれる」と子どもが感じられるようにすることです。教員と子どもの関係を構築し,いつでも教員が相談にのってくれるとい

う安心感をもたせることが，いじめ問題発見の大きなカギとなります。学校生活に限らず，何でも相談できる相手がいるという安心感をもたせることが重要です。

シェアリングでは，お互いの気持ちや考えていることを理解し合い共有することが，子ども一人一人の「心の居場所」づくりや，いじめの被害者となった人の気持ちに共感することにつながると考えます。いじめ問題が起きた場合でも，傍観者にならず，被害者である友達を支え，教員に助けを求める行動がとれるようになることが非常に大切です。

(3) **本研修を受講した教員からの感想**

① 相手の気持ちに関すること

- 子どもや保護者が「話を聴いてほしい」と思っているのではないかと感じることがあるので，有効なエクササイズがあることを知り，今後活用しようと思う。
- 若手の教員に指導・助言する際，まずは相手の話をていねいに聴く姿勢が必要である。
- 保護者，児童，同僚とのかかわり方は，自分の考えや感性を磨きながら，最も適切な手段を考えるべきだと思う。

② 指導方法・内容に関すること

- 傾聴スキルを子どもに身につけさせ，円滑な人間関係の構築を図りたい。
- エクササイズを直接体験するなかで，職員ネットワークやチームとしての校内体制づくりに取り組む必要性を感じた。
- 明確化を意識したエクササイズは，取り組みやすく効果的だと感じた。

3　各学校・学級でSGEの実践を！

学校生活の中でSGEのエクササイズを活用することは，お互いを認め，支え合う風土を培い，絆を深めます。これが，いじめや不登校のきっかけとなる事象を，いち早く発見する的確な対処へとつながると考えます。また，いじめへと進展する前に，被害者となりそうな児童生徒や周囲の友人からの申し出により，未然に防止できる可能性が高まります。

今後さらにいじめや不登校を生まない集団づくりを進めるため，各学校・各学級等でSGEのエクササイズが行われ，児童生徒同士の絆を強くした仲間づくりが実践されることを期待しています。

〔引用参考文献〕
(1) 國分康孝・國分久子総編集『構成的グループエンカウンター事典』図書文化，2004
(2) 國分康孝監修『エンカウンターで学級が変わる　小学校編』図書文化，1996
(3) 國分康孝・國分久子監修『エンカウンターで保護者会が変わる』図書文化，2009

> 特別支援学級（小学校）での実践例
> # ❽「ここにいたい」と思う場と仲間をつくる
> ――自立活動の取り組み――
>
> 田村洋子（元鳥取市立湖山小学校特別支援学級教諭）

　私は毎朝，その日の学習の準備をしながら，教室で子どもたちを待ちます。

　元気にあいさつをして教室に入って来る子。私の顔を見るやいなや「あのね，あのね……」とすぐに話し出す子。いかにも何かあったらしい顔をしてやって来る子。子どもたちの様子はさまざまです。模範生のように元気にあいさつをしたから大丈夫というわけではなく，連絡帳や友達の情報，登校後の言動などにより，「何かあったな」と教師が気づくことも少なくありません。

　特別な支援を要する子どもたちにとっても，いじめは大きな問題であり，二次障がいを防ぐ観点からも真摯な取り組みが必要です。

　本稿では，特別な支援を要する子どもたちが真摯に自分自身と向き合い，自分の心を耕して，さまざまな人間関係の中で成長していく場づくり・仲間づくりを試みた実践について報告します。

1　被害者にも加害者にもなる子どもたち

　特別支援学校や特別支援学級の子どもたちの間でも，仲間の間に優劣をつけ，意地の悪い言動をみせる事象はよくあります。しかし，そのやり方をみると，「きっとこの子自身が，同じように人からされたんだろう」と思われることが多いものです。

　子どもが，その相手として選ぶのは，「この子にならばいじわるをしても大丈夫」，つまり「自分よりも弱いから仕返しはしてこない」と思う子どもです。自分が傷つかないために先に他者を傷つけたり責任転嫁したりするのは，いわば自己防御の反応なのでしょう。しかし，それもいじめの行為となるのです。

　このような行為に対して，周りの大人が理屈を並べ，本人が納得したことにして，相手に謝罪させて終わらせても何の解決にもならないことを，私は何度も経験してきました。自分がされたことはすごく痛く感じるけれど，自分が人に同じことをしたときはほとんど悪いことをしたとは思わない（思えない）状況で，「相手の立場に立つ」ことを求めるのはとてもむずかしいことです。どうしたら相手のことを思えるのか，自分の気持ちを確かめられる（気づく，ふりかえる）のか，それが課題となりました。

2　第一は，安心してホンネが言える場づくり

　大人でも子どもでも，障がいがあってもなくても，どんな特性があろうとも，人は自分自身の心を耕しながら人の中（社会）で生活していく，それが生きることだと思います。
　「自分の人生は自分のもの。主人公は自分自身。だから人のせいにはしない」という覚悟とともに，「自分で自分のことは決めるけど，困ったら相談する」仲間や場があることが大切だと考えます。
　そして，自分らしくよりよく生きるための基盤には，信頼できる人々との関係性や安心感が必要です。子どもは仲間の中で育つのです。もちろん，教師や周りの大人も仲間の一人です。
　自分自身の心を耕すためには自己を見つめる必要がありますが，よいことでも悪いことでも，自分のことを認めるのは，大人でも楽ではありません。ホンネで話せる仲間の中で気持ちを行ったり来たりさせながら，納得できるまで自分で考える活動は，人やその行為は○か×で決められるものではなく「真ん中」があることに気づく機会になり，そこから「譲る，相手を思う，いたわる」などの他者への感情が生まれ，「絶対○○でなければならぬ」が「それもいいかも」に転じていきます。
　このように気持ちが変化することによって，子どもたちの気持ちは，少し楽になっていきます。
　いじめについても同様で，自分を見つめるためには，その行為を指摘したり諭したり戒めたりしてくれる仲間や自分自身と真摯に向き合い気づける場，つまり，安心してホンネが言える場や仲間をつくることが大事だと思います。
　ここでは，学校生活の入り口（出発）である小学校の自閉症・情緒障がい学級での，自立活動の授業の実践例を紹介します。

3　自立活動，取り組みの実際

(1) 自立活動の学習の意味・必要性を子ども自身が理解して学ぶ

　自閉症・情緒障がい学級では，教科等の学習や行事などで，交流学級や大きな集団で活動する機会が多く，また，いずれは通常学級に入級していく子どももいます。
　個々の課題を重視しながら集団の中で生活をしていく経験やスキルアップの積み上げを確かなものとするためには，自立活動の学習の意味や必要性を，子どもたち自身が理解して学ぶことが大切です。
　「なんだかわからないけれど，やらされている」のではなく，「（好き嫌いはともかく）なぜそれをするのかわかっていて，（できれば楽しんで）自ら行う」という，子ども自身

が主体になることを基本にします。1年生にも理解しやすいように，自立活動は「得意なことや好きなことはどんどんやって，苦手なことや直したほうがよいことはちょっとがんばってやってみる」学習であると，子どもたちには説明します。

(2) ホンネが言える集団で自他理解

楽しい活動でも問題解決への取り組みでも，何かを決めるときは必ず集団で話し合い，意見交換をして，自他の理解を深めていくようにしました。前述のように，仲間の前でホンネが言える，自分が出せる経験は，子どもの心をとても楽にしていきます。

「自立活動とは何か」——おおげさなようですが，「それを学ぶために自分はこの学級にいるのだ」と子ども自身が理解することが成長につながります。そして，ていねいに寄り添うことによって子どもたちはそれを見事に理解していきます。

4 SGEを活用した自立活動の学習の組み立て

(1) 自立活動の学習の概要

4月の学級開きで，自分の「好きなこと」「よいところ」「苦手なこと」「直したほうがよいところ」を書き出し，10月と2月にふりかえるという学習を自立活動の始まりとしました。

また，4月に子どもたちが書き出した課題やめあてを分類して，各時間における自立活動の柱を次の3点に絞り，個別あるいは集団で取り組むことにしました。

① 「こころとからだ」（健康の保持・心理的な安定・人間関係の形成・身体の動き）
② 「ことば」（環境の把握・身体の動き・コミュニケーション）
③ 「なかま」（心理的な安定・人間関係の形成・コミュニケーション）

(2) 自立活動の実際

具体的な自立活動の指導内容は次表のとおりです。

指導要領に示された自立活動の6区分26項目を分けて組み立てるのではなく，さまざまな内容を絡み合わせて学習を構成し，児童にわかりやすくするために，「こころ」「からだ」「ことば」「なかま」という名称で，自立活動の学習内容を示しました。

自立活動の展開にあたっては，SGEの理論を活用しました。

例えば，活動の前にねらいを把握させること（SGEのインストラクション），終末には必ずふりかえりを行うこと（シェアリング）を心がけました。また，活動を始める前に，まずは教師が子どもたちにモデル提示をするようにしました。望ましい行動でルールを示すとともに，教師の自己開示によって，子どもたちとの関係づくりにもつなげました。

❽「ここにいたい」と思う場と仲間をつくる

SGEを活用した学級自立活動指導内容

学習名	自立活動の内容	学習計画	具体的内容
①こころとからだ	健康の保持 心理的な安定 人間関係の形成 身体の動き	自立サーキット	・雑巾がけ　・ペダロ　・ボディボール　・ダイエット体操 ・なわとび，相撲　・フープ　・なかよし運動会　・水泳教室 ・ねじブロック　・切り紙，輪飾り，花，紙ふぶき作り
		リラクゼーション	・ヨガマットに寝転ぶ　・音楽を聴いて目をつぶる（自由な姿勢で）
		個別課題	A：体を動かす，道具の操作　　B：粘り強く取り組む・達成感 C：送迎なしの登下校，クールダウン（切り替え），うそをつかない D：自分のことは自分でする，約束を守る，クールダウン（切り替え）
		めあてとふりかえり	・めあての確認とふりかえり　・ふりかえり（個別に・学級全体で）
		※留意点＝SGE活用によって，まずは子どもたちに安心感を醸成させる。リーダーは，子どもたちにねらいを把握させ，終末には，ねらいをふりかえらせた。	
②ことば	環境の把握 身体の動き コミュニケーション	文字や言葉を使って	・読み聞かせ「にゃーご」　・日直のスピーチ　・音読（聴き合い） ・○○文字ぴったん　・もじもじクイズ　・さいころトーク ・書道パフォーマンス　・書中見舞いや年賀状　・メッセージ ・作品展への参加（競書会・書写書道展）　・PCの使用
		作業の理解・道具の使用	・道具の名称，使い方など言葉を介して理解する 　　　※あらゆる場面で，意識する　→　学校生活全体
		コミュニケーションゲーム	・あったかことばとあいたたことば
		おつかい	・交流学級や職員室，保健室などへおつかい　※メモの活用
		※留意点＝SGE活用によって，リーダーは，子どもたちとの関係性を構築した後，まずは子どもたちにモデル提示（デモンストレーションの重視）をしていった。	
③なかま	心理的な安定 人間関係の形成 コミュニケーション	ゲーム	・カードゲーム（トランプ，坊主めくり，カルタ，UNO，文字ぴったんなど）　・ウルトラマン将棋　・だるま落とし，ケン玉
		集団活動	・おでかけ（○○大学見学，買い物，学校周辺めぐり） ・かぼちゃパーティ
		調理	・サラダ（栽培したきゅうり，トマト，ピーマン，レタスを使って） ・デザート　・かぼちゃ料理　・薄焼きクッキー（学生さんにプレゼント）
		制作	・アイロンビーズ　・卒業メッセージ（書道） ・お礼メッセージ（色紙）
		日常活動	・掃除　・日直や係りの仕事の替わり　・お助け ・大丈夫？の声かけ
		※留意点＝SGE活用によって，リーダーは，子どもたちの自己発見をサポートしていった。	

(3) SGEを活用した自立活動においての留意点

SGEを活用した自立活動において，特に留意した点を述べます。

① ゲーム的な要素を取り入れながらも，自立活動を意識させる

まず，自立活動の時間には，心理的な安定，人間関係の形成，コミュニケーションを図ることをねらいとして，本人が集中できて気持ちが安定する好きな活動や，みんなでするゲーム的な内容を必ず取り入れました。意外と単純なゲームが子どもたちの心をつかみました。

その際，子どもたちには，これも大切な自立活動であることを説明しました（これは，SGEのインストラクションのポイントとも重なります）。

子どもたちは，楽しくて自分の気持ちも落ち着く経験から，「やりたくないことも時々あるけれど，楽しいこともいっぱいある」「一人でするほうがいいこともあるけど，みんなと一緒にやるともっと楽しい」など，さまざまな学習を積み重ねました。

SGEの理念である「集団は教育者である」という言葉のとおり，小集団活動での仲間とのふれあいやかかわりのなかで，「自立活動って，悪くない」と思い，少しずつ変わっていく自分自身の言動や気持ちの変化を感じはじめたようでした。

② 展開は「教師による個別対応→集団での意見交換」

障がいのある子どもたちにとって，「わかりやすい」ということは，とても大切です。子どもたちには，それぞれの障がい特性に加え，本人の性格や気質，取り巻く環境など，さまざまな要素が絡み合ってその存在があります。子どもたちが，他者の視点に立ってものごとを理解するには，私たち教師が，子どもたち一人一人の特性や要素に応じた対応をすることが重要になります。

そこで教師は，子どもの生活年齢や発達年齢，認知面や生活経験，性格や取り巻く環境，今日の気分等々，さまざまな状況をつかみながら，子どもの伝えたいことを具体的に文字や絵に表して交流を助けるなど，根気よく対応していくようにしました。

話し合いなどでは，まずは教師が個別に対応して，一人一人が自分について考えてみる（個別），次にそれを学級全体の場に出してみんなからの意見をもらう（集団）という展開にしました。

5 子どもたちの変容と効果

SGEを活用した自立活動で，仲間とのふれあいのある活動の中で，子どもたちは徐々に自他理解を深め，自己肯定感を高め，自己主張する力を身につけていきました。

① 自分や学級の存在を肯定できるようになった

通常学級の子どもたちがこのような学習を見て，「面白そう。いいな，○○学級は遊ん

でいるみたいで」と言うことがよくあります。机上学習ではなく，つらそうに見えないために，つい口から出たのでしょう。

こうした発言を受けても，自立活動の意義を理解している子どもたちは，しっかり言い返します。

「何を言ってるの。厳しいんだよ，いろいろあるんだから。これはね，遊びじゃないの。自立っていう勉強だよ」

このように，胸を張って，自慢げに反論するのです。

子どもが自分や学級の存在を肯定でき，それを自己主張できるようになっていく過程を間近で見ることは，教師としてとてもうれしいことです。

② 集団への帰属性が高まった

安心感のある環境づくりができたことにより，子どもは，「ここにいたい」「みんなといたい」など，集団への帰属性が高まりました。仲間とのあたたかいふれあいがある，安心していられる居場所の中で，子どもたちの心が成長し，いじめの起きない集団へと育っていきます。

③ 自分の弱みをみせられるようになった

「僕をほっておかないで」など，肩の力を緩め，自分の弱さを見せられるようになりました。

安心していられる場の中で，弱みをみせ，援助希求ができるようにもなりました。

④ 問題を自分で解決しようとする意欲が生まれた

子ども同士でトラブルになった場合も，「どうしたらいいのかなあ」と教師が一緒に悩むと，子どもは「自分でなんとかしなければ」と思うようになりました。

意地を張っていても，最後は本人自ら考えて，「ごめん」と解決する姿もみられるようになりました。

こうした活動をとおして，子どもたちは徐々に，自分に自信がもてるようになっていきました。そして，自尊感情の高まりとともに，自己防御して自他を傷つけるという行為も減少していったのです。

> **コラム5**
>
> # 幼保・小・中の連携で
> # 子どもたち一人一人に特別支援教育を!
>
> 田村仁志（日本学校教育相談学会鳥取県支部理事長）

　本小学校は，自然豊かな山間部にある教職員・児童合わせて約100名の小規模校です。子どもたちは素朴で素直，まじめといったよさをもつ半面，人やものごとに積極的にかかわる力や自己表現力，学習意欲の継続という点で課題を抱えているケースもみられます。また，約２割が一人親家庭で，愛情不足の児童，親子関係が不安定な児童，基本的生活習慣や学習習慣が定着せず情緒不安定で低学力な児童のほか，愛着障がいの児童もいます。

　こうした背景の中，その場，その場の取り組みや，研究指定を受けての短期間の取り組みでは，子どもたちに適切に対応しづらい状況がありました。そこで，自校にとどまらず，幼保，小・中学校，家庭，地域が一体となり，「地域で一貫した考えのもとで子どもたちを育てる」中学校区をめざして，児童生徒の情報共有化をもとにした連携のあり方の工夫改善に取り組みました。スーパーバイザーとして，住本克彦先生にも来ていただきました。

　人やものごとから学び合い，かかわり合うよさや生き方を確かに学ぶこと（自己肯定感の向上，自己表現力）。そのために自己実現（自立）の力をつけ，よりよく生きること。以上をめざし，次の四つに取り組みを定めました。

1 「確かに学び，よりよく生きる子どもを育てよう」研究実践の内容

(1) SGEを活用し，すべての子どもの受容から出発した集団づくり

　おもにSGEを活用し，児童理解をもとに個を育て，全体の融合を図りました。

・SGEで人間関係づくり——参観日を利用して，保護者と児童一緒にSGEを実践。
・ハイパーQ-Uの分析——夏季休業中に講師を招き，研修会を実施。
・確かに学ぶ（人やものごとから学び合いかかわり合うよさや生き方を確かに学ぶ）——交流体験活動，縦割り班集団活動，きょうだい学年活動（１年生と６年生，２年生と５年生，３年生と４年生），指導法の工夫改善。
・人権教育——人間関係づくりスキル，かかわり方，トラブル解決策を学ぶ。
・職員間のコミュニケーションを大切にする——教師自身が素直に気持ちを伝え，言い合う関係・環境づくり。その時，その場で，その教師が指導することを大切にする。その指導のよさを認め合う。教師自身のやる気，根気，本気の三気を基本にすえる。

(2) 一人一人のニーズに合わせた学習・生活支援（特別支援教育の充実）

・子どもを語る会，職員間のコミュニケーションづくり，校内支援委員会の充実。

- 福祉・医療・教育関係との連携,ネットワークづくり(連絡一覧表の作成と掲示)——県教育委員会・鳥取2市教育委員会の教育相談,児童相談所,LD等専門員,SC,医療等。
- 学習支援の充実——基礎学力の定着,学習支援体制の充実(TT,少人数指導,個別指導),個別支援学習(課外時間の活用点検:オープンエンド,長期休業中)。
- 生活支援の充実——基本的生活習慣の改善と定着。

(3) 特別支援教育における幼保・小・中学校の連携と組織づくり

- 中学校区特別支援教育研修会の開催——中学校区の教職員のつながり,連携先の機関と情報を共有化し,長い目で見守り育てる一貫教育。
- 中学校区特別支援教育部の充実——情報の共有と指導の一貫性を図る取り組み。要支援児童への配慮を基本にして考える。特別支援学級児童についての情報交換。
- 中学校の先生が小学校で授業する出前授業の充実。
- 連絡会,交流会をより確かなものにしていく——幼保小連絡会,小中連絡会,小小連携の連絡会,上学年運動記録会,4年生地域交流会(町夏まつり合同出演)。
- 中学校区教職員研修会(教職員同士の関係づくり)——SGEの理論と実践。子どもへの実践技法とともにホンネの交流ができる関係を教職員間にも醸成。

(4) 教育相談における早期対応とその充実

教育相談主任として養護教諭に活躍してもらいました。

2 研究のまとめ

① 児童理解をもとに児童のニーズにあった支援を図るために,職員同士のコミュニケーションが活発になり,情報の共有と一貫した指導支援ができつつあります。
② 型にはめない柔軟な対応をする大切さ,関係機関との連携を図り,発達障がいや問題行動へのしなやかな対応が身についてきました。
③ 子育てにおける保護者の孤立や教師の困り感への対応として,相談機関のネットワークづくり,活用が進んでいます——教育相談(県・市教育センター,LD等専門員,SC)・生活支援相談(児童相談所)・医療相談(支援学級児童の薬の服用,今後の支援の方向性)
④ 学び合い,かかわり合うよさを実感できる教育活動をめざし,子どもたちの学習意欲・生活意欲および自己肯定感の向上に努めてきました。現在は,どの児童も学校が大好きで,不登校やその傾向にある児童もいない状態です。
⑤ 児童一人一人への個別の対応に加え,「基本はほめる」を原則に賞賛する場の設定を進めました。情緒が不安定だった児童に少しずつ笑顔が見られ,精神的な安定を生み出すことにつながっています。明るい子どもらしい笑顔が増えたことが何よりの成果でした。

本取り組みによる，ある児童の変化

　A男は，小学校5年生の7月，保健室の掲示物「ペンギンの行列」を，最初は熱心に折り紙で作成していたものの，突然首をちぎって投げ散らし，大暴れしました。この出来事がきっかけとなって，A男の背景にあったさまざまな支援ニーズが明らかになりました。

　A男は，父子の二人家庭で，父親はA男が起床時には不在，夜7時に帰宅します。A男には虚言癖がありましたが，入学から5年生まで，周囲はその嘘をほんとうのことと認識していました。他人を操作するのが上手という印象でした。

　事件直後の夏休み，A男は児童相談所で3週間過ごすことになりました。すると，A男は帰校後，「すぐに児相に行きたい。あそこは子どもの天国です」と何度も頼みにやって来ました。児童相談所にA男の父親と精神科医師が同伴し，今後の対応を話し合いました。家庭での養育状況や今後のことは第三者を含めて話を進めました。

　12月，A男が陰でほかの児童を操り，同級生のB男のいじめを始めました。度重なるいじめでT男は登校できなくなり，それに気づいた担任が校長に報告し全校体制で対応を行いました。しかし，登校しだしたB男に対して，表面上わからないようにA男はいじめを再開。保護者会を開き，学校・家庭・地域をあげて解決に取り組みました。保護者からは，「次はわが子がやられるのではないかと不安でいられなかった」という声を聴きました。最後は，A男と父親，学校が，直接，B男と保護者に謝罪して収束となりました。

　このころ，A男は「愛着障がい」と診断され，投薬を継続していました。そこで，毎朝，校長室でおにぎりを食べ，薬をのんでから教室に向かうことで，薬の服用を定着させました。しだいに落ち着いた言動がとれるようになると，今度は，低学力が大きな問題となりました。6年生の4月からは，特別支援学級（情緒）に入級し，朝の会は通常学級で，1校時は苦手な算数を情緒学級で，A男が一番信頼している学級担任から一対一で指導を受けられるようにしました。中学校1年も，特別支援学級（情緒）で，学級担任と一対一で英語の指導を行い，関係を構築しました。その後の変化はめざましく，中学校2年からは通常学級に復帰し，地域の英語弁論大会で入賞しました。3年では，薬の服用および学期に一度のカウンセリングは必要がなくなり中止しました。高校入学後は，総合学科に在籍し，教員をめざしています。

　A男が少しずつ変わっていったのは，①学校・家庭・地域が連携した「特別支援教育における幼保・小・中学校の連携と組織づくり」システムがバックボーンにあったこと。②ホンネで語り合う教職員組織が構築されたこと。③教職員と子どもたちが，「よりよく生きる」という人生目標を共有できたこと。④人間関係づくりの要諦を，体験をとおして学ぶ場があったこと。⑤特別支援教育こそ教育の原点であることを，組織全体で認識できたことなどがあげられます。A男自身と学校の対応，教育・福祉・医療の連携のもと，A男を取り巻いている環境変化が，A男の変容を生み出したものと考えます。

　（付記：本事例は保護者の了承を取っており，内容は改変しています）。

第4章

さまざまな場におけるいじめ対応の取り組み

> 道徳教育といじめ
> ❶「何でも言える道徳の時間」へ！

　　　　　　　　　　　　　　　新井浩一（元姫路市立城西小学校校長）

　いじめが原因で中学生が自殺するという痛ましい事件が平成23年に大津市で発生しました。この事件は国民の大きな関心を呼び，平成25年の「いじめ防止対策推進法」の施行につながりました。同年，教育再生実行会議は，「心と体の調和のとれた人間の育成に社会全体で取り組む。道徳を新たな枠組みによって教科化し，人間性に深く迫る教育を行う」と，いじめ問題の本質的・抜本的解決方策を道徳教育の充実に求めたのです（「いじめ問題等への対応について」の第一次提言）。

　その後，道徳教育の充実に関する懇談会の報告「今後の道徳教育の改善・充実方策について」（平成25年）や中央教育審議会答申「道徳に係る教育課程の改善策について」（平成26年）を受け，「学校教育法施行規則」や「小・中学校学習指導要領」の一部が改正され，いまにいたっています。

1　道徳科がめざすもの──「何でも言える道徳の時間」へ

　平成27年の学習指導要領の一部改正で，道徳の時間は「特別の教科　道徳」（以下「道徳科」）となりました。そこでは，道徳教育の「要」である道徳科の授業がめざす姿として，「考える道徳」や「議論する道徳」といったキーワードがよく使われています。これは，その時間で扱う道徳的価値について，子どもたちが考え・議論する授業になるよう，授業の質的転換が求められているのだととらえるべきでしょう。いままで，わかっているつもりでいた道徳的価値について，多面的・多角的な視点でみんなと議論し考えることで，より広く・深い自覚につながる授業をめざす必要があります。

　具体的には，読み物教材に登場する人物の心情理解にとどまっていると批判されがちだった授業の様相を改め，道徳的価値について子どもたちが自らの意見や考えを交流したり，授業の終末には，みんなで議論し導き出した価値への認識を確認し合ったりするなど，授業形態の刷新が求められます。

　教師はこれまで以上に，本時で扱う道徳的価値（内容項目）について深く考察し，ねらいを明確にもって授業に臨まねばなりません。例えば，「勇気」という価値を扱うのであれば，子どもの発達段階や実態等を踏まえ，その時間で「勇気」の何を考えさせたいの

か，明確な意図をもって子どもの前に立たなければならないということです。

いっぽう，子どもたちには，よりよく生きるための諸価値について考えを深めるとともに，自分のよさや弱さにも気づき，自己を客観的に見つめながら道徳的価値を自分なりに身につけていくことが期待されます。こうした経験は，子どもたちに自信と勇気を与え，やがては「正義」や「寛容」といった，より高次な価値に気づいていく礎となるのです。

このような授業を可能にするには，教師自身が，自らも一人の人間として道徳性を追究する存在であることを自己開示するとともに，子ども同士の自由闊達な意見交換が保証される学級づくりを進めることが前提になります。「何でも言える道徳の時間」が開かれた学級づくりを促す側面もあり，両者には相乗効果が期待できるのです。ここに，道徳にSGEを活用することの意義があると考えます。

2　道徳教育がいじめ問題に寄与するための実践法

いじめはきわめて重大な人権侵害であり，学校教育がめざす方向性とは真逆の事象です。その芽があると懸念されるなら，生徒指導やカウンセリングなどの手法をフルに活用し，一刻も速くその芽を摘み取ることが大切です。道徳教育や人権教育の充実を標榜する学校教育であればこそ，真正面から本気でこの課題と向き合わなければなりません。

問題は，どのように実践化していくかということですが，示唆に富む事例があります。

明治大学の諸富祥彦教授は，かねてから道徳性を内面的な資質としてだけではなく，実践的な行為につながる総合的で全人格的な資質・能力ととらえ，子どもたちが，現実社会で遭遇する諸問題に対して道徳的に判断し，実行できる能力をも射程に入れた取り組みの必要性を提唱してきました。つまり，道徳的価値の自覚を観念的な理解にとどめることなく，さまざまな体験活動によって実感しながら学ばせようというのです。

そのための手法として，SGE，モラルスキルトレーニング，ロールプレイング，ディベート的な話し合いなどを効果的に用い，「体験的道徳学習」や「問題解決的道徳学習」と呼ばれる道徳の授業を確立しています。以下に事例を紹介します。〔※実践例1・2とも，諸富祥彦『「問題解決学習」と心理学的「体験学習」による道徳授業』図書文化より引用。一部改変〕

実践例1　SGEを活用した体験的道徳学習（小学校・低学年）

本事例は，「生命尊重」は，ややもすると観念的なやり取りに終始しがちですが，体験学習により体感して学ぶことで誕生の喜びや願いを理解しやすくしようという実践です。だれの命も多くの人の願いや愛情に守られ育まれてきた尊いものであることを実感し，子どもたちが，他者を理解するうえで大切な視点を早い段階から養うことにつながります。

○ 内容と展開の大要

内容項目：3-(1)生命尊重／ねらい：生まれてくる命の神秘と尊さに気づく。

(1) 導入

資料『いのちのまつり　ヌチヌグスージ』草葉一壽（サンマーク出版）を読む。

> 〔あらすじ〕
> 　沖縄でお墓参りをしたコウちゃんはオバアにご先祖様のことを聞きます。
> 　オバアは父母の話からご先祖様のことを教えてくれました。そしてコウちゃんは，ご先祖様が数え切れないほどいること，そしてそのご先祖様のだれが欠けてもコウちゃんは生まれてこなかったことを知ります。命がつながって，いま自分が生きていることに気づきます。

(2) 展開

① 命を「たまご」で感じるSGEについて説明する。
② SGEを実施し，命の誕生の瞬間を疑似体験する。
・「たまご役」1人と「誕生を見守る家族の役」とを決める。
・「たまご役」は身体を丸めてうずくまり，生まれる瞬間を待つ。
・周りで見守る家族役は，生まれようとする「たまご」に声かけをする。
・「たまご役」を変えて，数回繰り返す。
・「たまご役」は，役割を終えるつど，感じたことを発表する。
③ 終末
・本時をふりかえり，気づいたこと，考えたことをワークシートに書く。

実践例2　モラルスキルトレーニングを活用した問題解決的道徳学習（中学校）

　子どもたちにとって身近で生々しい問題場面を設定し，ロールプレイングにより体験的に学習することで，いじめを許さない言動や見て見ぬふりはしない勇気など，ほんとうに必要な場面で道徳的に対応できるスキルを身につけようとする取り組みです。「いじめはいけない」とわかりきった意見を交換し合う授業を脱し，正面から子どもたちの道徳性に問いかける姿勢に学ぶべき点が多々あります。

○ 内容と展開の大要

内容項目：1-(2)　勇気

主題名：いじめを許さない言動を――見て見ぬふりはしない勇気をもとう――

(1) 導入

資料の問題場面を教師と生徒3人でモデル的にロールプレイングし，他の生徒に見せる。

> A子　B子をいつものように移動教室に誘おうとします。「B子ちゃーん，一緒に……」
> C子　会話をさえぎるように「B子ちゃん！　一緒に理科室まで行こうよ！」
> 　　　B子は一瞬A子を見ます。
> C子　「B子ちゃーん，早く行こ！　遅れちゃうよ。B子ちゃん行くよっ」
> 　　　B子はC子と行ってしまい，A子は後ろからついていきます。ついにB子はA子から完全に離れてしまいました。C子は，わざとA子に聞こえる声で文句を言います。
> C子　「うわっ。後ろからついて来てるんですけど。まだ嫌われてることに気づいてないの？」
> B子　B子は嫌われたくないので，笑顔でC子に合わせます。
> 　　　たまたまそれを後ろから見ていた自分たちが，異変に気づきます。
> 自分　心の声「あの3人変だよね？　A子は1人になってるし，C子はA子の文句言ってるし。何かあったかな？　でもまあ，あんなの1週間ぐらいすればすぐに仲直りするって！　うちらが何か言うと，ややこしくなるよ。気にすんなって！　先生だって　そのうちに気づくだろうし。ほっとこ，ほっとこ。早く行こう」
> ——おかしいと思っても止めることができずに，いじめは見逃されてしまいました。

(2) 展開

① 4人の登場人物それぞれの気持ちをワークシートに記入する。
② いじめをやめさせるための解決策を考えて，ワークシートに記入する。
③ 班内で発表し，お互いの解決策について質問し合い，理解を深める。
④ 各班で「こうすればいい」という解決策を一つ決めて発表する。
⑤ クラス全体で，それぞれの班が発表した解決策についてよかった点，工夫するとよい点について意見を出し合った後，最もよい解決策を決める。
⑥ 4人1組になり，最もよいと決まった解決策をロールプレイングする。
※役割を変えながら，4人全員がすべての役を体験できるようにする。

(3) 終末

活動を振り返って，気づいたこと，感じたことを「ふりかえりシート」に書く。

〔引用参考文献〕
(1) 文部科学省「小・中学校学習指導要領解説　総則編」2017
(2) 国立教育政策研究所「道徳教育実施状況調査結果の概要」2012
(3) 教育再生実行会議「いじめ問題等への対応について」（第一次提言）2013
(4) 文部科学省「今後の道徳教育の改善・充実方策について」（報告）2013
(5) 文部科学省「道徳に係る教育課程の改善等について」（答申）2014
(6) 諸富祥彦『「問題解決学習」と心理学的「体験学習」による新しい道徳授業』図書文化，2015
(7) 島恒生，吉永幸司『みんなでつくる「考え，議論する道徳」』小学館，2017

> 保健室といじめ（小学校）
>
> # ❷ 命の教育からいじめを考える
>
> 沖川克枝（高砂市立曽根小学校主幹教諭）

　ある番組のアンケートによると，高校生100人中45人が「いじめを見たとき，見て見ぬふりをする」と答え，その理由は「次の標的になるのが嫌だから」というものでした。また，いじめた経験のある人の半数が，「仲のよい友達がしたから」「ノリで参加した」をいじめの理由としてあげているという結果が報告されました（Eテレ『ウワサの保護者会』，2017年4月22日放送）。いじめの傍観者，加害者，被害者を経験し，病院でカウンセリングを受けた女子生徒は，このような現状に対して，「集団になっても，自分の意志をもっている人は，弱いものいじめをしない。自分が弱いからこそいじめをしてしまう。やっていいことと，悪いことの区別を自分で考えてみるべき。仲のよい人がやっているからではなく，自分で考えて行動することが大切」などと語っています。

　人間は進化の中で想像する力を手に入れました。しかし現実は，相手の痛みに自ら思いをはせられる子どもが減っています。「こうしたら相手がどう思うかわからなかったの？」「わからなかった（想像すらしなかった）」という食い違いが多く起こり，上記のようないじめにつながっています。子どもたちに自他を尊重し，相互理解を深める経験を積ませ，目には見えない他者の気持ちを推しはかることや人とのかかわり方を学ばせることが，いま，学校に求められていると感じています。

1　命の大切さを教える実践（4年生）

　生や死を主体的に考え，生命尊重の心を育むことを目的に，前任校で，養護教諭として学級担任と連携し，カリキュラムを組み，実施した「命の教育」の実践を紹介します。

　命を大切にすることは，自他の存在を尊重することであり，いじめの予防にもつながると考えられます。また，子どもたちに「命の大切さ」を伝えるためには，人とふれあう体験を積ませ，豊かな感性や情緒を育むことが求められます。そこで，授業では，人とのつながりを視点に，SGEも取り入れて展開しました。自分の生活体験や考え方・感じ方を語り合い，気づいたことを互いに表現することで，対話が深まり人間関係をつくることができるからです。また，相手の思いを受け止め，自分の思いも表現するアサーション力は，子どもの生きる力を増すと考えます。

「命の教育」の授業は，4年生の児童を対象に，総合的な学習の中で「ようこそ赤ちゃん先生」「助産師さんの話」「心肺蘇生法」「二分の一成人式」，教科学習で「育ちゆく体（保健）」「自分史をつくろう（国語）」を行いました。

　「ようこそ赤ちゃん先生」では，実際に赤ちゃんを抱っこさせてもらい，赤ちゃんの重み・におい・温かみを感じ，子育て中のお母さんの話を聞きました。児童の感想では，「赤ちゃんは温かくてとてもかわいかったです。生まれてきてくれてありがとうと言ってくれる人がいることがわかりました。みんなが，がんばってお世話していまがあるんだなと思いました。『命は天からのさずかりもの』という言葉にすごく感動しました。赤ちゃんは，宝石のように大切なことがわかりました」という意見がありました。

　「心肺蘇生法」の感想では，「倒れている人をそのままにせず『大丈夫ですか？』と聞きます。手をどこに置くとか何もわからなかったけど，中学生に詳しく教えてもらい，ちゃんとできてほっとしました。私は命の学習をして，人任せではなく声かけぐらいはしたいと思いました。自分でも人助けをし，人の役に立ちたいです」と述べていました。

　「ようこそ赤ちゃん先生」「助産師さんの話」や，中学生との交流学習「心肺蘇生法」の教えと練習などは，啓発の意図もあり，地域の方や保護者へも参加を呼びかけ，実施しました。さらに，これらの集大成として，「二分の一成人式」を行いました。子どもたちは二分の一成人証書を校長より授与されたあと，一人一人将来の夢を発表しました。ここまで育ててくれた周りの人々への感謝の気持ちを歌うと，式典が盛り上がりました。

　国語科では，20歳の自分への手紙や自分史の作成を行い，将来へ向けて一歩ずつ進んでいこうという意欲を高めました。自分史を書く段階では，児童一人一人の家庭環境を把握し，保護者の協力も得て，個別に十分な配慮をしながら完成へと導きました。

　最後に学習の評価として「心と命のアンケート」に記入し，実践前と比較しました。命の学習を通して，自尊感情・自己有用感・他者理解・自己理解が伸び，命を大切にしようとする意識や家族への感謝の気持ちが育っていました。同時に，いじめにつながる他者侵害の意識は下がっていました。

2　五感を通して生きる喜びを味わうことが自殺・いじめ予防に

　バーチャル世界での体験が広がる現代社会では，人の気持ちに思いをはせ，想像する力がより必要になります。自分にも相手にも思いをはせながら，体験や五感を通して「生きる喜びを」心にしみわたらせることによって，子どもたちに人とのかかわり方を体験させたり，問題が生じたとき解決の仕方を考えさせたりすることが，自殺やいじめの歯止めにもなり，予防にもなると考えています。

〔引用参考文献〕兵庫県教育委員会「『命の大切さ』を実感させる教育への提言」2007

保健室といじめ（中学校）

❸「言葉尻をつかまず感情をつかむ」かかわり

加島ゆう子（奈良女子大学附属中等教育学校養護教諭）

1 「言葉尻をつかまず感情をつかむ」双方向のコミュニケーションを！

　約2万人の小学生と約1万人の中学生とその保護者を対象に，生活実態に関する項目（睡眠・食事・遊び・学校生活・友人関係など）および自尊感情（ローゼンバーグの自尊感情尺度を使用）についての調査を実施したところ，小学生から中学生にかけて自尊感情は軒並み低下するという結果が出ました。自分を（ひいては他者も）大切にできない，あるいは自分を守ることでせいいっぱいという子どもが多く存在するのではないかということがわかりました。（図1・図2）

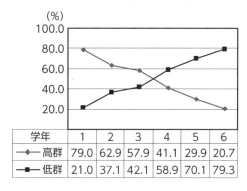
図1　児童の自尊感情の推移

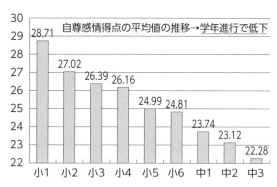
図2　自尊感情得点の平均値の推移

　低下するばかりの子どもの自尊感情をどのように育めばよいのか，考察するための貴重な調査結果があります。親子間の会話を尋ねる項目で，子どもたちには「家庭の中で親と話をしていますか」という質問を，保護者には「家庭の中で子どもと話をしていますか」という質問を行いました。すると，自尊感情の高い子どもたちのグループは約90％が「話をする」と答えているのに対して，自尊感情の低い子どもたちのグループは約21％でした。
　しかし，保護者の回答を見ると，自尊感情の高い子どもの保護者も低い子どもの保護者も，押しなべて約80％が「子どもと話をしている」という答えでした。自尊感情の低い子どもと保護者との回答には，大きな差が生じているのです。保護者は子どもと会話をしているつもりでも，子どもにはそう感じられておらず，双方向のコミュニケーションにはな

っていないことがわかりました。子どもの自尊感情を育もうとするならば，双方向のコミュニケーションが大切であり，保護者や教師は，子どもの話の中にある感情に焦点を当て，「言葉尻をつかまず感情をつかむ」ように聴くことが大切なのです。

2 「聴く・気持ちを表現するエクササイズ」で自尊感情を高める

また，保健室で子どもたちと接する際，常に感じるのが子どもたちの感情を表す語彙の少なさです。子どもたちの気持ちを表す言葉の代表は「うざい」「きしょい」「ムカつく」「死ね」です。しかし，その言葉の中には「腹が立つ」「悲しい」「悔しい」などという意味がふくまれているはずです。それがうまく表現できないために言葉の暴力が起こり，さらに，それらの言葉により深く傷つく子どもが現れるのです。

大河原（2004）は「身体の中を流れるエネルギーとしての感情が『ことば』とつながり，『うれしい』『さみしい』などの言葉を使って他者と共有できるようになるプロセスを感情の社会化」と定義し，「感情の発達において，親との相互作用つまりコミュニケーションが重要な役割をはたす。ネガティブな感情が社会化されないとき，怒りをコントロールできず攻撃的になるなど二面性を示す」と述べています。

言葉の暴力をなくすためには，子どもがその傷ついた気持ちを正しく表現し，周りの人はそれをしっかり聴き，「悲しかったんだね」「悔しかったんだね」と気持ちを言語化して受け止めてあげることが大切です。これにより，心の傷は早い段階で癒されるのです。

そこで，「聴く・気持ちを表現する」訓練として，聴く要素がふんだんに盛り込まれているSGEのエクササイズを行うと非常に有効です。

聴くエクササイズの前に私が必ず行うのが「感情パズル」です。まずグループで気持ちを表す言葉を出し合い紙に書きますが，なかなか言葉が出てきません。そこで，感情パズルをグループに1枚渡します。144の文字パズルの中には，気持ちを表す言葉が43個隠されています。1分間でいくつ言葉が見つけられるか競争します。感情パズルを行うことで，人の中にあるさまざまな「気持ち」に目を向けることができます。

「気持ちを表現すること」と「気持ちを聴いてもらう」という経験を積み重ねることで，子どもたちの自尊感情が育くまれ，いじめの防止にもつながると考えます。

〔引用参考文献〕
(1) 越智泰子・加島ゆう子・大東和子・棚橋厚子『授業ですぐ使える！ 自己肯定感がぐんぐんのびる45の学習プログラム』合同出版，2012
(2) 大河原美以『怒りをコントロールできない子の理解と援助 教師と親のかかわり』金子書房，2004

> 不登校といじめ

❹ 不登校支援の宿泊体験活動から みえてきたいじめ対応

吉岡靖麿（兵庫県立但馬やまびこの郷副所長）

　「兵庫県立但馬やまびこの郷」（以下，当所）は，不登校または不登校傾向の児童生徒の学校復帰と社会的自立の推進を目的として1996年9月に開設されました。四季の移り変わりを肌で感じられる環境の中で「自然，人，地域とのつながり」を大切に児童生徒の支援を行っています。また，当所は，保護者・指導者等の教育相談，指導者の研修，不登校の調査研究と情報発信など不登校支援に向けたさまざまな事業を展開しています。

　ここでは，当所の行っている宿泊体験活動を通した不登校支援と調査研究について紹介することを通して，いじめ対応について寄与できればと考えます。

1　宿泊体験活動（4泊5日）の概要

(1)　支援方針は「自分で選び，自分で決める」

　当所は全国でも類のない宿泊施設を備えた公立の不登校支援施設です。子どもたちは寝食を共にする4泊5日の宿泊体験活動を通してつながっていきます。

　ニックネームで呼び合うことも当所の特徴の一つです。子どもたちは自分が呼んでほしい名前を決め，スタッフも「Mさん」「Kちゃん」などと名乗ります。子どもたちとの壁をなくし，児童生徒と先生の関係ではなく，同じ人間として一対一の関係を築いていきます。子どもたちが，素の自分で過ごすことができる居場所となることが支援の第一歩なのです。

　基本的な支援方針として，子ども自身が「自分で選び，自分で決める」ことを大切にしています。子どもたちが選択する自由を尊重することで，自己選択・自己決定する力を身につけるとともに，自分なりに行い，達成することで徐々に自信をつけていきます。

(2)　4泊5日の宿泊体験活動（表1）の内容

〔1日目〕──月曜日の午後，子どもたち，保護者，スタッフが集まり「出会いの集い」を行います。緊張して参加している子どもたちの雰囲気をスタッフは冗談を交えた自己紹介でほぐしていきます。次のプログラムである「お互いを知ろう」では，仲間遊びなどを取り入れながら，初めて出会った子どもたちの距離を少しずつ近づけていきます。連日設定されている夕食後から消灯までの「やまびこタイム」では，カードゲームなどをして一緒に遊びます。遊ぶことも絆を深めていく大切な時間です。同室で話をしたり，悩みを打ち

明けたりしながら宿泊することで，同志のように強い絆で結びついていくのです。

〔2日目〕――午前は料理作りです。料理は自然な流れで協力し合える活動です。一緒に作った料理を一緒に食べることで成就感や一体感を味わうことができます。午後の「地域と交流しよう」では，竹田城跡に

表1　4泊5日の宿泊体験活動

	月	火	水	木	金
午前		料理を作ろう	自分で選ぼう（製作・文化活動）	遠くへ出かけよう	片づけお別れ会
午後	出会いの集いお互いを知ろう	地域と交流しよう	自分で選ぼう（スポーツ活動）		
夜	やまびこタイム（22時まで）				

登ったり，田植え体験や川探検をしたり，地域の自然豊かな環境にふれることで，子どもたちは生き生きとした姿を取り戻していきます。

〔3日目〕――午前は「自分で選ぼう（製作・文化活動）」です。数十種類ある中から自分で選んで製作に取り組みます。好きなことに没頭する時間は心を癒やしてくれます。午後は「自分で選ぼう（スポーツ活動）」です。家にいて体を動かすことの少ない子どもたちは，思い切り体を動かすことで発散し，晴れやかな表情を見せてくれます。

〔4日目〕――マイクロバスで遠出する「遠くへ出かけよう」です。ここでは，少し負荷をかけてそれを乗り越えた成就感・達成感を味わわせたいと考えています。春秋は山登り，夏は海辺の活動，冬はスキーなどをします。このころになると子どもたち同士につながりが生まれ，声をかけ合い，協力し合いながらさらに人間関係を深めていきます。

〔5日目〕――清掃や片づけの後，迎えに来られた保護者とともに「お別れ会」を行います。スタッフは，子どもたちの一人一人のよさをメッセージとして伝えます。ほめる・認めることを通して，自己肯定感を高めることをねらいとしています。

2　宿泊体験活動の効果

当所の宿泊体験活動を経験した児童生徒の保護者を対象に実施した追跡アンケートをみてみましょう（図1～3）。図1は登校日数の変化です。「ほぼ毎日登校していた」が利用前の5%から利用後は33%に，「週に2～3日登校している」が利用前の10%から利用後は18%へと増加しています。これらの結果から，多くの子どもたちが，本人の状態に応じて段階的に学校復帰に向けて動きはじめていることがわかります。

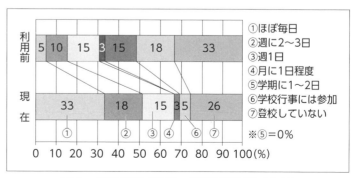

図1　登校日数の変化（保護者調査）2015

3　宿泊体験活動を通した不登校支援で大切にしていること

図2　不登校になった一因としてたりなかった基本的な力（保護者調査）2016年度

たりなかったと考えられる力（N=40）

項目	人数
食事をしっかり食べること	2
その他	2
健康管理の意識	3
あいさつや返事などの礼儀	5
余暇を上手に過ごすこと	5
身だしなみに気をつかうこと	6
運動習慣	7
基礎体力	7
自己選択・自己決定の力	7
学習習慣	10
自制する力	10
自分のことは自分でする力	10
基礎学力	11
根気	11
挑戦する気持ち	11
将来に対するビジョン	12
愛されているという安心感	13
学習意欲	14
生活リズムを整えること	15
自分のことを大切に思うこと	19
自分のよさをわかること	23
ストレスに対処する力	27
自分を認めること	29

図2の追跡アンケートの質問項目「不登校になった一因としてたりなかった基本的な力」（複数回答可）の回答では自分を肯定する力の不足が上位にきています。ここでは，自分を肯定する力を高めるための支援について当所が大切にしていることをご紹介します。

(1) 子どものよさを見つける

お別れ会で，スタッフはいろいろな視点から子どもたちを観察し，子どもたちのよさを見つけ，本人や保護者に伝えます。ある中学女子は「自分では気づかない自分のよさを伝えてくれてうれしいです。素直に受け止めて自信にしたいです」と伝えてくれました。

(2) 人の役に立つ体験を仕組む

何度か継続して参加する経験者に，初体験の子どものための施設案内を頼むことがありますが，生き生きとした表情で案内をしてくれます。不登校の子どもは，人に助けてもらうことを求めているように思われがちですが，ほんとうは，人の役に立つことを求めています。人の役に立つ体験が動き出すエネルギーにつながると考えられます。

(3) 絆を「見える化」する

帰宅の前日には自分の言葉で気持ちを伝える「花束メッセージ」を書きます。花形のカードに全員が一人一人に伝えたいことを書くのです。「1週間ありがとう」と書くことが精一杯の子もいますが，「一緒に話ができてうれしかった」と素直に感謝の気持ちを表す子どもも多くいます。寝食を共にしたメンバーからの感謝の言葉は自信につながります。

花束メッセージは絆の証であり，子どもたちは宝物のように大切に持ち帰ります。

4　いじめに起因する不登校

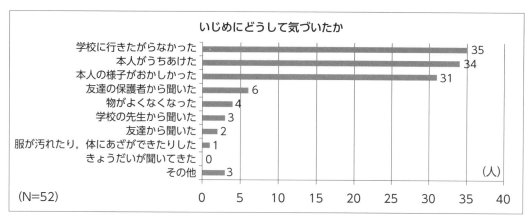

図3　いじめに起因する不登校についてのアンケート調査（保護者調査）2013年度

　図3「いじめに起因する不登校についてのアンケート調査」（無記名回答）の質問項目「いじめを受けていることにどうして気づかれましたか」（複数回答可）で，一番多かった回答が「学校に行きたがらなかった」でした。不登校はいじめに遭っているサインの場合もあります。不登校の背景にいじめの存在が考えられるケースも少なくありません。学校に行きたがらないときに，いじめの可能性も視野に入れ，じっくりと本人の気持ちを聴くことが，いじめの早期発見につながると考えられます。

5　いじめ・不登校の未然防止にSGEを

　いじめや不登校は，人間関係のこじれなど対人関係からくる心理的な要因からきていることも少なくありません。日常生活において，すべての子どもが豊かな人間関係を築くことが，いじめ・不登校を未然に防止することにつながると考えられます。

　当所のスタッフはSGEを体験する研修会に参加し，そこで学んだことを生かして遊びやゲームなどを通した人間関係づくりを行っています。例えば，月曜日の「お互いを知ろう」，夜の「やまびこタイム」において，スタッフが中心となってグループアプローチを行い，子どもとスタッフ，子どもと子どもがつながり，安心して過ごせる居場所づくり，絆づくりを進めています。関係づくりを意識した時間だけでなく，大きな意味で4泊5日の宿泊体験活動は，豊かな人間関係を築くSGEと同じ効果をめざしているともいえます。

　学校においても，SGEは「いじめ・不登校の未然防止」の大きなポイントです。指導者がSGEなどの研修を進め，学校・学級の状況に応じたさまざまなグループアプローチに取り組むことが大切であると考えています。

第4章 さまざまな場におけるいじめ対応の取り組み

> **非行といじめ**
> ❺ 非行にかかわるいじめの予防
> ——ヒューマンネットワークの構築にSGEを活用——
>
> 中山勝志（東広島市立礎松中学校教頭）

　非行といじめの問題は，学校・家庭・地域や交友関係，成育歴など多様な要因が関係しています。学校内外の連携では，学校が「できること・できないこと」を整理し，学校だけでは対応が困難な場合，専門性や権限をもった関係機関と行動連携することが大切です。

1　非行といじめの密接な関係

　青少年の非行の入り口は，万引きや自転車盗（占有物離脱横領）などの「初発型非行」にはじまり，さらに集団化・悪質化するケースがみられます。私がいままでに出会った非行グループ等の青少年と話をすると，彼らは，「学校や家庭，地域に居場所がない」「自分自身が仲間はずれや金品の強要などのいじめに遭ったり，いじめをしたりした」経験をもつ場合があり，非行といじめの問題は深い関連があります。

　また，近年は，情報通信機器を使用したSNS（ソーシャルネットワーキングサービス）等の普及により，青少年の非行実態や人間関係の把握などがみえにくくなってきています。

2　学校として大切なこと——児童生徒理解と保護者とのパートナーシップ——

　非行問題やいじめを繰り返す青少年は，「どうせ俺（私）のことなんか」「だれも自分のことをわかってくれない」といった自己存在感の低さ，親や周囲から成長過程に応じた言葉かけ不足や愛情不足などの環境に置かれていることが多いものです。そのために，反社会的行動で自己存在を表現していることがあります。

　まず，学校として大切なことは，児童生徒理解を深めるために，担任任せにならないようにチームで対応しアセスメントすることです。非行を繰り返す児童生徒は，「自分に寄り添いかかわってくれる人，わかってくれる人」を求めています。

　次に大切なことは，家庭（保護者）環境の分析です。問題が発生したとき，学校は，児童生徒に事実確認や指導をした後，家庭と連携をとり確認した事実や今後の指導の方向性を伝えます。その際，学校は家庭内での児童生徒の状況などを把握するなかで，学校と家庭（保護者）間で良好なパートナーシップが構築できるかどうかを見きわめることが大切です。

　SGEの手法は，児童生徒，保護者と人間的なふれあいを促進し，自他への気づき，ソー

シャルスキルの向上，心と絆づくりに有効です。教職員がSGEを学ぶことは，教育の専門家としての資質・能力の向上や児童生徒理解を深めるスキルの習得につながります。

3　関係機関連携で大切なこと──総合的な実態把握と連携──

　前述のように，学校と家庭（保護者）とのパートナーシップの構築が大切です。以前は，非行問題の発生時に保護者に事実確認したことを伝えて，学校の指導方針や家庭での協力依頼ができました。しかし，家庭を取り巻く環境も多様化し，非行問題の背景に保護者の養育放棄や虐待，子育ての悩み，保護者自身が医療ケアを要する家庭，生活困窮，地域からの孤立，児童生徒自身の発達障害などの問題が複雑に絡んでいることもあります。

　そこで，児童生徒の実態，家庭や地域などの実態を総合的にとらえて関係機関と連携することが大切になります。関係機関との連携の方向性を考えるうえでも，保護者とのパートナーシップの構築が可能かどうかの見きわめが重要になってきます。例えば，家庭で児童生徒への養育放棄や虐待（疑いも含む）あるいは，夫婦間などでのDVなどのケースの場合，学校はこども家庭センター（児童相談所）に「虐待通告」する義務があります。

　非行問題を繰り返す児童生徒の中には，家庭内に安心で癒される居場所がなかったり，保護者から「しつけ」と称して食事を与えられなかったり，暴言・暴力などの誤った生活環境で養育された結果，ストレスの発散として非行問題に走る青少年もいます。

　学校として児童生徒のおかれている実態を総合的にとらえ，保護者の状態や困り感（主訴）などを把握し，連携が必要と判断した場合，どの関係機関にどのような連携が必要か見通しをもって連携することが大切です。また，どこと連携したらよいかわからないときは，教育委員会やこども家庭センターなどの相談窓口に伺ってみることが連携の第一歩となります。

4　学校外（関係機関）連携──ネットワークの構築を──

　近年，学校内外の関係機関は，各自治体でも条件整備が進められています。例えば，児童生徒の教育にかかわる相談であれば，青少年センターや教育支援センター，教育相談室など教育委員会が所管した施設に臨床心理士，ガイダンスカウンセラー，教育カウンセラー，保育士，元教職経験者，指導主事など，資格や経験をもった教育相談に対応する職員がいます（自治体により施設の設置有無，名称，配置は異なります）。また，教育委員会や福祉相談窓口に相談すると，関係機関（次ページ表）を紹介してくれる場合もあります。

　学校内外の関係機関との連携は，学校が学校として役割（できること）を果たすとともに，各関係機関が児童生徒の社会的な自立に向けて児童生徒の人格形成につなげるために，関係機関との人的ネットワークを構築していくことが大切です。

表　学校内外の関係機関例

関係機関の分類	関係機関名（注：各自治体等により異なります）
福祉・医療関係機関	こども家庭センター（児童相談所），保健所，生活支援センター，社会福祉関係課，障害福祉関係課，社会福祉協議会，児童自立支援施設，児童養護施設，発達支援サポートセンター，病院など
警察・司法関係機関	警察，少年サポートセンター，家庭裁判所，保護観察所，少年鑑別所，少年院など
教育相談機関	教育センター，大学等の教育相談室，適応指導教室，フリースクールなど
青少年健全育成団体その他NPO機関等	保護司会，更生保護女性会，少年補導協助員，補導指導員，児童委員，人権擁護委員，支援ボランティアの会など

5　学校内外との連携事例――「本気のかかわり」が暴走族脱退へ――

　著者の勤務していた自治体（当時，東広島市教育委員会勤務）は，二十数年来，継続して巡視活動を行う組織があります。毎月1回程度，市街地を学校の教職員，自治体職員（教育委員会，市役所職員），警察，青少年健全育成関係団体（市民会議，保護司，更生保護女性会，児童民生委員，各学校のPTA）が合同で青少年健全育成の一環として巡視活動をしています。

　この巡視活動における連携の一例として，暴走族に入っていた少年の事例を紹介します。

　当時，少年は，暴走族グループに入り，市街地を集団暴走するとともに，金品の強要，いじめなどの触法行為をしていました。

　その少年の在籍する学校の教職員は，この巡視活動に参加して少年宅への家庭訪問を続けるなかで保護者とのパートナーシップを構築しました。その後，少年の保護者と教職員が巡視活動に継続して参加し，保護者がわが子に直接声かけをすることがきっかけで学校が主体となり関係機関との連携（ケース会議など）を行いました。

　関係機関との連携では，少年の健全育成と暴走族グループの解散をめざし，教職員と保護者，警察，保護司，補導指導員は，少年の日々の行動を把握するために，巡視活動のときに少年への声かけを行いました。警察は，当該少年の補導や相談，暴走族グループの取り締まり強化，こども家庭センターは保護者の子育て相談，少年の措置など，各機関が少年の健全育成のために，それぞれの役割を発揮して顔の見える行動連携を継続した結果，少年は暴走族を脱退し，後にその暴走族グループは解散しました。

　数年が経ち，少年が成人した際，あいさつに訪れました。当時の心境を彼はこう語りました。「母親や学校の先生やみなさんが，自分のことを本気で心配してくれていることがわかりました。いろいろな人にお世話になりました。いまがあるのは，あのとき，本気で僕に声をかけ，かかわってくれた母親とみなさんのおかげです」と。

　児童生徒一人一人に本気でかかわりきる姿勢は，SGEリーダーの姿勢とも重なると思います。

6 各機関連携の留意点——いざというときに備えて——

　学校内外の連携で大切なことは，学校・家庭・地域・関係機関との信頼関係です。そのためには，非行問題が起こってから連携するのではなく，日常からの備え（連携）が大切です。例えば，事例のような巡視活動への参加をはじめ，青少年育成にかかわる講演会，警察・司法による暴走族や暴力団追放，社会を明るくする運動，福祉・医療による，薬物乱用防止，虐待防止キャンペーンなどに参加し，各関係機関の役割やどんな取り組みをしているか把握しておくと，いざというときに連携がスムーズにいくこともあります。

　しかし，信頼関係といっても，連携には，守秘義務や個人情報保護の観点も必要です。特に保護者とのパートナーシップの構築が困難なケースで関係機関と連携する場合，何をどこまで，どの機関と連携するのかを明確にしておくことが大切です。

　例えば，チーム支援やケース会議を開催する場合，守秘義務の確認や個人情報保護の誓約や資料の取り扱いに注意が必要です。いっぽう，要保護児童対策地域協議会では，児童生徒の非行問題などで虐待が絡む場合などは，守秘義務はありますが，援助が必要な児童生徒の情報を必要な範囲で提供し，関係機関が援助することは可能です。

　また，こども家庭センターなどで非行相談を受けた場合，児童福祉法に基づく調査は，個人情報の第三者例外規定となり，本人の同意がなくても情報提供ができる場合もあります。

　保護者の中には，こども家庭センターや警察，医療などに保護者だけで行くのは気が引けると言われる方もいます。学校と保護者の間でパートナーシップが構築されていれば，保護者の同意のもとに，学校と保護者が連携し，一緒に関係機関へ行くことも有効です。

7 ヒューマンネットワークの構築にSGEの実践を

　多くの学校はこれまでも，子どもたちの人間力を育むためにカウンセリングマインドの視点をもち，直接的な指導・支援や家庭訪問などを通して心に寄り添い，かかわりきる教育的アプローチを愛情と信念をもって実践してきました。しかし，近年は，いじめ防止対策推進法の施行，障害者差別解消法の施行，個人情報保護に関する法律の改正等，法的な条件整備も迅速に求められるようになり，リーガルマインドの視点も重要になってきました。

　これからの学校内外（関係機関）との連携で大切なことは，学校はカウンセリングマインドとリーガルマインドの視点をもつと同時に，ヒューマンネットワークの構築が必要です。例えば，保護者とのリレーションの形成を図るために，SGEを取り入れるなど，人と人とのネットワークの構築に，SGEの実践が大いに活用できます。

　最後に，教育の専門家として，みなさんには，児童生徒の人格形成と社会的な自立をめざして，顔の見える行動連携と予防的な教育相談を推進していただきたいと思います。

ネットいじめ

❻ ネットいじめの実態と対策

梶本佳照（新見公立大学教授）

スマートフォンの普及により，SNSの使用が多くなったことで，ネットいじめも見えないところで起こりやすくなっています。

ネットいじめを防ぐためには，①情報モラル教育の中で，子どもたちがスマートフォンやインターネットの仕組みを科学的に理解するとともに，正しい使い方やリスクについても熟知すること。あわせて，保護者に対しても情報モラルについて啓発活動を進めていくこと。②トラブルが発生したときの対処方法を考える体験学習をすること。③SGEを活用し，同調圧力に苦しまないようにお互いが適度な距離をとる大切さを学ぶこと。以上の3点が重要になってきます。

1 ネットいじめの実態

平成29年度青少年のインターネット利用環境実態調査（内閣府）によると，スマートフォンの利用率は，小学生29.9％，中学生58.1％，高等学校95.9％でした。

また，平成29年度「児童生徒の問題行動・不登校等生徒指導上の諸課題に関する調査について」（文部科学省）によると，「パソコンや携帯電話等で，ひぼう・中傷や嫌なことをされる」の件数は，表1のようになっています。いじめの様態のうち，パソコンや携帯電話等を使ったいじめの各校種の合計は，12,632件（前年度10,779件）です。いじめ認知件数に占める割合（平均値）は3.0％（前年度3.3％）となっています。また，構成比は高等学校になると，9.5％増えます。これは，高校生になるとスマートフォンの利用率が増えることが一つの要因と考えられます。

表 「パソコンや携帯電話等で，ひぼう・中傷や嫌なことをされる」

	件数	割合	全認知件数
小学校	3,455	1.1	317,121
中学校	6,411	8.0	80,424
高等学校	2,587	17.5	14,789
特別支援学校	179	8.8	2,044

2　ネットを使ったいじめのつらさ

(1) 周りの友達への疑心暗鬼

ネットを使ったいじめを受けたときの「つらさ」について，原清治他は『ネットいじめはなぜ「痛い」のか』（ミネルヴァ書房）の中で，次のような内容を述べています。

「……書き込みをされた子どもは『僕の悪口を書いたのは，この話をしたAくんかな。Bくんかな，いやいやCくんもあやしい』と友だちを疑い始めます。友だちにしか打ちあけていない内容であれば，当然ながら書き込みをしたのは自分とグループにいる子のだれかであろうと，まず仲間を疑いはじめます。こうしてネットいじめは子どもたちの人間関係に大きな軋轢を生じさせます」

以上のようにネットいじめは，現実の生活とはかけ離れた場所で起きているのではないからこそ，つらいといえるのです。

(2) いつまでも残り続ける

ネットいじめの課題の一つは，誹謗中傷等の書き込みがあった場合，一度ネット上に出たものは自分では消すことができず，いつまでも残り続ける可能性があるということです。書き込んだ本人や管理者が削除しても安心できません。すでに転送されて広がってしまっているかもしれないのです。ですから，クラスや学校が変わっても誹謗中傷が続く場合があります。そのため，クラスや学校を変えたり，それから離れたりしても，「いじめが追いかけてきて」逃げ場所がなくなってしまう場合もあります。

3　ネットいじめをなくすために

(1) 情報モラル教育の推進と育成

ネットいじめをなくすために，まず学校ができることは，情報モラル教育を進めることです。情報モラルについて文部省（当時）は，「高等学校学習指導要領（解説情報編）」（2000）で「情報社会で適正な活動を行うための基本になる考え方と態度」と定義しています。

さらに，小学校・中学校「学習指導要領（平成29年告示）解説 総則編」の第1章総則の第2節 教育課程の編成−2 教科等横断的な視点に立った資質・能力の育成−(1)には次のように記されています。

「各学校においては，児童（生徒）の発達の段階を考慮し，言語能力，情報活用能力（情報モラルを含む。），問題発見・解決能力等の学習の基盤となる資質・能力を育成していくことができるよう，各教科等の特質を生かし，教科等横断的な視点から教育課程の編成を図るものとする」

このように，情報モラルを情報活用能力の中に含むことが明記されています。

このことは，情報モラル教育を「禁止」教育ではなく，これからの子どもたちが身につけなくてはならない「資質・能力」を育成する教育の一環として位置づけているといえるでしょう。

情報モラル育成にあたっては，以下の五つがポイントになると思います。

① インターネットや情報機器のデメリットを強調するのではなく，メリットとデメリットを知識として理解できるようにする。

② 「〜してはダメ」という禁止を教え込むのではなく「あなたならどうしますか？」というように子どもが考え，判断する練習をしていく。

③ 保護者や教師は子どもがどのように情報機器を使っているのか関心をもち，子どもからも大人は自分たちの情報機器の使い方に関心をもっていると感じとれるようにしておく。

④ 子どもにスマートフォン等の情報機器を購入する際は，家庭内で相談してルールを決め，それを守っていく。

⑤ 子どもが困ったことを一人で抱え込まないようにするために，家庭内で何でも相談できる雰囲気をつくっていくとともに，学校や学校以外での相談窓口を教えていくこと（子どもたちが逃げ込む場所をつくる）。

また，学校としては，授業の中で情報モラル教育を推進していくとともに，保護者に対しても情報モラルについて啓発活動を進めていくことが欠かせません。

(2) SGE体験でトラブル発生時の対処方法を考える

SNS上のメッセージのやりとりにおけるマナー，行き過ぎのない適切な伝達の仕方を，子どもたちが身につけることが急務の課題ですが，これを単に知識として学ぶのではなく，体験学習をとおして学ぶことが重要になります。

例えば，情報モラルについて学級で話し合いの場を設定したり，SGEを活用したロールプレイなどによって，ネット上のトラブルが発生したときの対処方法を考える体験をしたりすることも有効でしょう。

これによって，「自分にもマナーに反するところがあった」などと，自らの行いをふりかえること。そして，「ネットいじめは絶対にしてはいけない行為だ」「ネットいじめが周りで起きたときに自分は傍観者にならない」と子どもたち自身で意思決定することが非常に重要なのです。

そして，「直接的ないじめと同様，ネットいじめはけっして許されるものではない」という教師の一貫した姿勢を示すことが大切です。「この教師は，自分を守ってくれる」という安心感が，ネットいじめに遭ったときに相談しようという気持ちにつながります。ま

た，学校以外の相談窓口を教えることも大切です。

(3) 同調圧力への対応——SGEで互いに認め合える関係づくりを

SNSやメールのやりとりで，返信が遅れると仲間はずれやいじめに遭うことがあるため，かたときもスマートフォンを離せない子どもも増えています。ではなぜ，お互いに疲れる状態になっているのに，過度の返信を止められないのでしょうか。

そこには，同調圧力が強く働いています。同調圧力とは，友達や周りの人に合わせなくてはならないという，目に見えない強制力のことです。周囲と異なる言動は「空気が読めない」とみなされ，仲間はずれやいじめの対象となります。それを恐れて，さらに自分を自分で縛ることになるため，友人関係は，とても息苦しいものに感じられます。

同調圧力に縛られている関係性の中では，SNSの既読スルー（メッセージを読むだけで返信しないこと）やメンバーはずしをされることは心に突き刺さる痛手であり，他方で，加害者になる要因にもなっています。

学校では一般的に，「みんな仲よく」という指導を行っていますが，このことが，「みんな同じようにしなければならない」という意識を強く子どもたちにもたせることになっているのであれば問題です。

これは，SGEを活用した学級づくりを行ううえでも，教師が肝に銘じておかなければいけない重要な点でもあります。「いじめのない仲のよい学級をつくりたい」「学級の凝集性を高めたい」という教師の思いが，「みんな同じでなければならない」「みんなに合わせなければならない」「一人よりもみんなが優先」という学級の画一化を招いてはいないか，教師は常に念頭においておく必要があるのです。

SGEがめざすのは，集団体験をとおした一人一人の成長です。ホンネとホンネの交流の中で，自分だけを大切にするのでもなく，相手だけを大切にするのでもなく，適切な自己開示，自己主張ができるようになること。「私には私の，あなたにはあなたの考え方・感じ方がある。それでいい」——こうした互いの価値観を認め合える人間関係を築くこと。SGEを通じてその方法を教えることも，ネットいじめを防ぐために非常に重要なポイントになると考えます。

〔引用参考文献〕
(1) 内閣府「平成29年度青少年のインターネット利用環境実態調査」2018
(2) 文部科学省「平成29年度児童生徒の問題行動・不登校等生徒指導上の諸課題に関する調査について」
(3) 原　清治，山内乾史編著『ネットいじめはなぜ「痛い」のか』ミネルヴァ書房，2011
(4) 文部省『高等学校学習指導要領解説（情報編）』開隆堂出版，2000
(5) 文部科学省「新学習指導要領」2017
(6) 國分康孝・國分久子総編集『構成的グループエンカウンター事典』2004

> **コラム6**
>
> # いじめ対応におけるエビデンスの必要性
>
> 柴原証基（ときめき坂メンタルクリニック院長）

　いじめや少年犯罪に関して，根拠の不十分な理論や個人の経験則を主張する人が多いことが，問題の解決をはばむ大きな要因になっていると思います。都合のよい事例だけを見て正しさを確認し（選択的確証），それ以外の事例を無視した理論には，根拠があるとはいえません。

　「エビデンス」という言葉があります。英語辞書には「法廷における証拠」等とありますが，医療界では「治療が有効であるという根拠」という意味で使われます。いじめ対策に成功している他国の成功例に学ぶということも，「エビデンスに基づいたいじめ対策」にほかなりません。

　いじめ予防の有効な方法は手の届くところにあります。ここでは，外部（他の国，分野）の知恵を取り入れて「エビデンスに基づいたいじめ対策」を行うことについて考えます。

1 海外と日本におけるいじめ対応

　世界の中で，最も早くからいじめ問題に着目し，国家的な取り組みを始めたのはスカンジナビア半島です。いじめ問題への関心は，その後イギリスへと飛び火し，1990年代半ばにはヨーロッパ全土へ，そしてアメリカへと広がり，それぞれ一定の成果をあげています。

　日本はスカンジナビア圏と並んで早くからこの問題に気づき，取り組みを始めました。しかし，言葉の壁等の問題もあって，研究においても，現場での対応においても，海外とは独立して展開され，1990年代半ばまで日本はいじめに関して，鎖国にも等しい状況でした。このため，「いじめは日本固有の問題であり，海外にはない」といった誤解が横行し，「島国根性」「違いを排除する国民性」「人々の横並び志向」「加熱する受験戦争」「管理主義教育と体罰」等，日本的な特徴を過度に強調した原因論が展開され，その結果，対応策までもが歪曲されかねない状況も生まれました。

　欧米では，いじめた子どもの加害責任を何らかの形で問う姿勢では一貫していて，アメリカやイギリス，カナダでは，学校に警察官が常駐し，いじめなどの問題に積極的に介入していく「スクール・ポリス」の制度を取り入れています。

　いっぽう，日本のいじめ対応は当初から，「加害者には教育的な指導で対処する」という大枠が変わることはありません。しかし，2000年代半ばには，いじめは「第三の波」を迎え，2011年には大津の事件にいたっています。大津事件では，加害者の行為の凄惨さや，犯意を否認し続ける姿勢が注目されました。

いじめは関係性の中で生じるものだと画一的に考える人が多いようですが、すべてがそうではなく、思春期特有のいじめが関係性の問題なら、犯罪性のあるいじめは加害性の問題であるといえます。いじめについて考える際に、「犯罪性の有無」や「加害者のパーソナリティー」という点が軽視されすぎていると思います。

2 犯罪性のあるいじめについて

いじめは被害者の心と身体を傷つけ、深い心の傷を残すことがありますが、最悪の事態は「死」です。被害者が死にいたるほどのいじめには、例外なく犯罪性があると考えられます。「いじめ」という言葉でひとくくりにされていますが、「思春期特有のいじめ」と「犯罪性のあるいじめ」とでは、加害行為の内容も加害者の本質も異なるため、明瞭に区別すべきものであって、同一延長線上で議論すべきではありません。

犯罪として扱うべきいじめの特徴は、下記の2点にあると思います。
・加害行為が法律上の犯罪（暴行、傷害、脅迫、恐喝、強要、窃盗等）に該当する。
・加害者が良心や共感性をもたない。

犯罪や非行の原因として、日本では家族関係が重視されがちですが、家族関係の影響力はそれほど大きくないことが、エビデンスに基づいた研究によりわかっています。

また精神医学的に揺ぎない事実として、生まれつき良心や共感性をもたない子どもが一定の割合で存在します。「子どもはみな、ほんとうはよい子」と思いたいところですが、良心や共感性を前提としたこれまでの指導が通じない子どもがいるという現実を認識したうえでの対応が必要です。

3 いじめ被害者の予後

精神科の治療法は進歩しましたが、精神障害は容易には治りませんし、虐待、いじめ、ハラスメントや犯罪等によって人為的に破壊された心は簡単には回復しません。特に、人生早期の逆境は、人生を通じて精神的な健康被害を残すことが明らかとなっています。

・いじめの被害者は不登校になったり欠席が増えたりする。例えばアメリカの中学2年生7％がいじめを理由に1カ月に1度以上の欠席をしている（Banks, 1997）。
・いじめの被害者の90％が深刻な学業不振を経験している（Hazler et al, 1993）。
・いじめ被害による自己肯定感の低下により、学力や社会的能力が下がる（Ross, 1996）。
・いじめは次のような健康上の問題を引き起こす。気分が悪い、食欲不振、めまい、意識障害、不安、睡眠障害、抑うつ、自殺企図、頭痛、腹痛、発熱、嘔吐、登校渋滞（朝の腹痛など（Rigby, 1998）。
・中学時代にいじめの被害者だった人は、そうでない人よりも抑うつ的だったり自己肯定感が低かったりする（Olweus, 1992）。
・いじめ被害に遭った男子27.6％、女子40.5％がPTSDを起こしている（Idsoe T et al,

2012)。

したがって，いじめ対策で最も重要なことは，後手に回ることなくいじめを予防することであるといえるでしょう。

4 いじめを予防するには

犯罪性のあるいじめを行う児童生徒を，教育的指導が必要だとの名分のもとに，放置すべきでありません。この点に異論をはさむ人は少ないでしょう。こういう被害に遭ったら，警察に，あるいは教師を通して警察に訴え出るべきだと教えるのは，立派な法律教育となりますし，逆に，校内で犯罪的な行為が見過ごされることは，子どもたちが大人になったときに犯罪などに泣き寝入りする習性を植えつけてしまいかねません。

学校でまじめに勉強する子どもの権利が守られるというのは，世界中のコンセンサスです。そうした考え方に基づき，学校での犯罪的な行為に対する警察の介入を当然とした途端に，校内暴力が激減したというアメリカの話は，示唆的です。

日本においても，文部科学省が「学校において生じる可能性がある犯罪行為等について」として，警察に通報すべきいじめの判断基準を明記しています。捜査権も処罰権もない教師が，犯罪的ないじめにまで対応しなければならないのなら，教師の精神的なストレスは増し，教師の本分である知，徳，体の育成もおろそかになりかねません。警察等，関係機関と連携しながら，教師が本業に精を出す環境が守られることが大切です。

〔引用参考文献〕
(1) 中村和彦編著『子どものこころの医学』金芳堂，2014
(2) 友田明美，杉山登志郎，谷池雅子編集『子どものPTSD－診断と治療－』診断と治療社，2014
(3) 佐藤壱三他著『新版看護学全書　精神看護学（1）』メヂカルフレンド社，2000
(4) 森朗著『校内犯罪からわが子を守る法　教室を無法地帯にしないために』育鵬社，2012
(5) 森田洋司著『いじめとは何か　教室の問題，社会の問題』中公新書，2010
(6) 加藤十八編著『ゼロトレランス　規範意識をどう育てるか』学事出版，2013

おわりに
──監修者からのメッセージ──

　いまの時代，いじめ対応に関する著作は少なくない。しかし，その切り口がSGE（構成的グループエンカウンター Structured Group Encounter の略）というのが本書の特色である。

　SGEというのはふれあいのある人間関係を通してお互いに自分の生き方を吟味する集団体験学習のことである。身の上相談や悩み相談志向の心理療法的カウンセリングと異なり，人を育てる教育志向のプログラムをグループメンバーが共有する方式である。個別面接法に対照するグループアプローチ法の代表ともいえる新しいカウンセリング分野である。

　本書の編者，住本克彦（新見公立大学教授）は，私ども夫婦が2回目のアメリカ留学から帰国し（1974年），日本にSGEを導入し始めた初期のころからの実践研究の仲間である。当時，住本は兵庫県教育委員会の指導主事であった。その縁で後年，教育カウンセリング運動を起こしたとき（1999年），住本の大学院生時代の恩師，内藤勇次教授から私どもへの支持をいただくきっかけをつくってくださった。

　また，本書出版の労をとってくださった図書文化社出版部の渡辺佐恵は，國分（康）が慶応義塾大学の非常勤講師時代の学生であった。渡辺の上司の福富泉社長は，SGEサポーターの村主典英（故人・図書文化社社長。教育カウンセラー協会事務局長）と入社同期生である。

　私ども夫婦はこれらゆかりのある方々に囲まれて，本書の監修を務めることをありがたく思っている。

國分康孝ph.D.
國分久子M.A.

──編著者からのメッセージ──

　私は,『エンカウンターで不登校対応が変わる』(図書文化,2010年)で編者の一人を務め,國分康孝先生,久子先生のご指導のもと,不登校支援のキーワードである,自己肯定感,自己決定力,自己主張能力等を高めるプログラムを提案させていただいた。今回は,もう一つの大きな教育課題である「いじめ問題」がテーマである。2009年に東京駅で,村主典英氏(当時,図書文化社社長)と東則孝氏(NPO日本教育カウンセラー協会事務局長)と,「SGE教育プログラムによって,まず不登校問題,次にいじめ問題と取り組んでいきましょう」と語り合ったことが,昨日のことのように思い出される。

　本書の企画段階で,私は國分康孝先生,久子先生に次のような手紙をお送りした。「SGE体験は子どもたちに,よりよく生きる自分の人生のあり方に向かい合うきっかけをつくってくれます。不登校問題,いじめ問題等へのSGEの効果は大きなものがあります。学級経営の中心に,まず『心の教育(サイコエジュケーション)』をすえ,その中核に『命の教育』を位置づけた教育を徹底させていくこと以外に,いじめ・不登校を予防する有効な手だてはないように思います。……私は梶田叡一先生に,『命の教育は,教師自身の生き方,あり方が問われる』とご指導いただきました。これは,SGEリーダーがもつべき重要な要素でもあります。自身の命,自身の人生と真摯に向き合うリーダーの姿勢があるからこそ,その姿にふれて,いじめに苦しむ子どもたちは救われるのです。……私は國分康孝先生,久子先生に,『愛こそが心を癒やす』『人生の目的は,人のために生きることである』との薫陶を受けました。ご指導よろしくお願い申し上げます」と。本書の完成を待たず,2018年4月に國分康孝先生は逝去されたが,両先生は本書の編集途中,私の心が折れそうなときには常に傍らに立ち,あの明解なお言葉で激励してくださった。

　最後に,本書の出版には,たくさんの方に絶大なるご支援をいただいた。忙しい時間をぬって協力してくださった執筆者と研究協力者の皆様,執筆ならびに編集協力をいただいた水上和夫先生,そして,皆様とのご縁をつないでくださった國分康孝先生,久子先生,また両先生をご紹介いただいた内藤勇次先生,上地安昭先生にお礼を申し上げる。また,SGEの発展とそれを支えてこられた図書文化社の故村主典英前社長,福富泉社長,同社出版部の東則孝氏,渡辺佐恵氏,フリー編集者の辻由紀子氏に衷心より感謝申し上げる。そして,家庭で支えてくれた妻みゆき,三姉妹の真優,優香,美優に心からお礼を言いたい。

　國分康孝先生に感謝と追悼の意を捧げ,本稿を閉じさせていただくこととする。合掌。

2019年4月

住本克彦

執筆者一覧 （50音順，所属は2019年3月現在）

新井　浩一	元兵庫県姫路市立城西小学校校長	
石原　義行	関西福祉大学准教授	
植田　律子	新見市役所福祉部こども課児童福祉指導員	
梅本　剛雄	滋賀県立長浜北高等学校校長	
沖川　克枝	高砂市立曽根小学校主幹教諭	
加島ゆう子	国立大学法人奈良女子大学附属中等教育学校養護教諭	
梶本　佳照	新見公立大学教授	
小西　博泰	兵庫県小野市教育委員会教育指導部学校教育課教育指導部長	
小藤　信子	新見市立哲西認定こども園園長	
阪中　順子	加古川市教育委員会学校支援カウンセラー	
柴原　証基	ときめき坂メンタルクリニック院長	
髙橋　典久	岡山県教育庁義務教育課生徒指導推進室副参事	
谷村　憲一	鳥取県鳥取市立東郷小学校教頭	
田村　仁志	鳥取県手話コーディネーター／日本学校教育相談学会鳥取県支部理事長	
田村　洋子	元鳥取市立湖山小学校特別支援学級教諭	
徳楽　仁	輪島市立門前中学校教頭	
中山　勝志	広島県東広島市立磯松中学校教頭	
仁八　潔	前石川県教員総合研修センター教育相談課課長	
濵津　良輔	鳥取県鳥取市立美保南小学校校長	
福井加寿子	兵庫県三田市立あかしあ台小学校校長	
水上　和夫	富山県公立学校スクールカウンセラー	
村上　順一	兵庫県伊丹市立笹原小学校校長	
森本　章代	新見市立上市認定こども園園長	
安本　直	学校法人瀧川学園 滝川第二中学校・高等学校校長	
山根　由子	姫路市立東光中学校教諭	
山本眞由美	新見市立熊谷認定こども園園長	
吉岡　靖麿	兵庫県立但馬やまびこの郷副所長	
渡邉　彩	新潟中央短期大学講師	

※幼児の事例では，新見市全域の保育所・幼稚園・こども園にアンケート等たくさんの研究協力をいただきました。西村敦子・清本喜・小谷千紗都・高瀬克枝・西村真美・木曽田典子・徳田英子・長谷川美幸・森本章代・山本眞由美・藤澤公子・清水里香・小藤信子の各所長・園長にお礼申し上げます。

編著者

住本克彦（すみもと・かつひこ）

新見公立大学教授。公立学校教諭，兵庫県教育委員会義務教育課指導主事，兵庫県立但馬やまびこの郷指導主事，兵庫県立教育研修所心の教育総合センター主任指導主事，大阪女子短期大学人間健康学科教授，環太平洋大学次世代教育学部教育経営学科・教授・学科長・教務部長・学生相談室長を経て，現職。滋賀県立学校いじめ問題調査委員会委員。岡山県いじめ問題対策連絡協議会会長。著書・論文等：『エンカウンターで不登校対応が変わる』図書文化（編著），『現代カウンセリング事典』金子書房（共著），「いじめ問題にどう立ち向かうか」岡山県教育委員会『教育時報』平成30年4月号，他多数。

監修者

國分康孝（こくぶ・やすたか）

1930～2018年。東京教育大学，同大学院に学びつつ，霜田静志門下生として精神分析を研修。関西学院大学助手を経て，米国メリルパーマー研究所インターシップ，実存主義的心理療法者のクラーク・ムスターカスに学ぶ。ミシガン州立大学大学院カウンセリング心理学博士課程修了（Ph.D.）。多摩美術大学助教授，フルブライト交換研究教授，東京理科大学教授，筑波大学教授，聖徳栄養短期大学（現：東京聖栄大学）教授，東京成徳大学教授，副学長，名誉教授を歴任。日本カウンセリング学会理事長・会長，NPO日本教育カウンセラー協会会長，日本教育カウンセラー学会理事長，一般社団法人日本スクールカウンセリング推進協議会理事長を歴任。瑞宝小綬章受賞。著書多数。

國分久子（こくぶ・ひさこ）

1930年生まれ。関西学院大学でソーシャルワークを専攻したのち，霜田静志に精神分析的教育分析を受ける。その後，アメリカで児童心理療法とカウンセリングを学ぶ。米国メリルパーマー研究所インターシップ，ミシガン州立大学大学院児童学専攻修士課程修了（M.A.）。アルバート・エリス（論理療法）とクラーク・ムスターカスに影響を受けた。千葉短期大学教授，千葉商科大学教授，横浜市立大学非常勤講師，青森明の星短期大学客員教授。日本カウンセリング学会常任理事，NPO日本教育カウンセラー協会理事，日本教育カウンセラー学会常任理事，一般社団法人日本スクールカウンセリング推進協議会理事を歴任。著書多数。

エンカウンターでいじめ対応が変わる

2019年6月10日　初版第1刷発行

監修者	國分康孝・國分久子
編著者	住本克彦ⓒ
発行人	福富　泉
発行所	株式会社 図書文化社
	〒112-0012　東京都文京区大塚1-4-15
	電話 03-3943-2511　FAX 03-3943-2519
	振替 00160-7-67697
	http://www.toshobunka.co.jp
組　版	株式会社 Sun Fuerza
装　幀	本永惠子デザイン室
イラスト	松永えりか（フェニックス）
印刷製本	株式会社 厚徳社

JCOPY〈出版者著作権管理機構 委託出版物〉
本書の無断複製は著作権法上での例外を除き禁じられています。
複製される場合は，そのつど事前に，出版者著作権管理機構
（電話 03-5244-5088，FAX 03-5244-5089，e-mail：info@jcopy.or.jp）
の許諾を得てください。

乱丁・落丁本の場合はお取り替えいたします。
定価はカバーに表示してあります。
ISBN　978-4-8100-9725-2　C3337

構成的グループエンカウンターの本

必読の基本図書

構成的グループエンカウンター事典
國分康孝・國分久子総編集　A5判　本体6,000円+税

教師のためのエンカウンター入門
片野智治著　A5判　本体1,000円+税

自分と向き合う！究極のエンカウンター
國分康孝・國分久子編著　B6判　本体1,800円+税

エンカウンターとは何か　教師が学校で生かすために
國分康孝ほか共著　B6判　本体1,600円+税

エンカウンター スキルアップ　ホンネで語る「リーダーブック」
國分康孝ほか編　B6判　本体1,800円+税

構成的グループ
エンカウンター事典

目的に応じたエンカウンターの活用

エンカウンターで保護者会が変わる　小学校編・中学校編
國分康孝・國分久子監修　B5判　本体 各2,200円+税

エンカウンターで不登校対応が変わる
國分康孝・國分久子監修　B5判　本体2,400円+税

エンカウンターで学級づくりスタートダッシュ　小学校編・中学校編
諸富祥彦ほか編著　B5判　本体 各2,300円+税

エンカウンター　こんなときこうする！　小学校編・中学校編
諸富祥彦ほか編著　B5判　本体 各2,000円+税　ヒントいっぱいの実践記録集

どんな学級にも使えるエンカウンター20選・中学校
國分康孝・國分久子監修　明里康弘著　B5判　本体2,000円+税

どの先生もうまくいくエンカウンター20のコツ
國分康孝・國分久子監修　明里康弘著　A5判　本体1,600円+税

10分でできる　なかよしスキルタイム35
國分康孝・國分久子監修　水上和夫著　B5判　本体2,200円+税

エンカウンターで
保護者会が変わる
(小・中)

多彩なエクササイズ集

エンカウンターで学級が変わる　小学校編　中学校編　Part1～3
國分康孝監修　全3冊　B5判　本体 各2,500円+税　Part1のみ　本体 各2,233円+税

エンカウンターで学級が変わる　高等学校編
國分康孝監修　B5判　本体2,800円+税

エンカウンターで学級が変わる　ショートエクササイズ集　Part1～2
國分康孝監修　B5判　①本体2,500円+税　②本体2,300円+税

エンカウンターで学級が変わる
(小・中・高)

図書文化